股权激励与员工持股

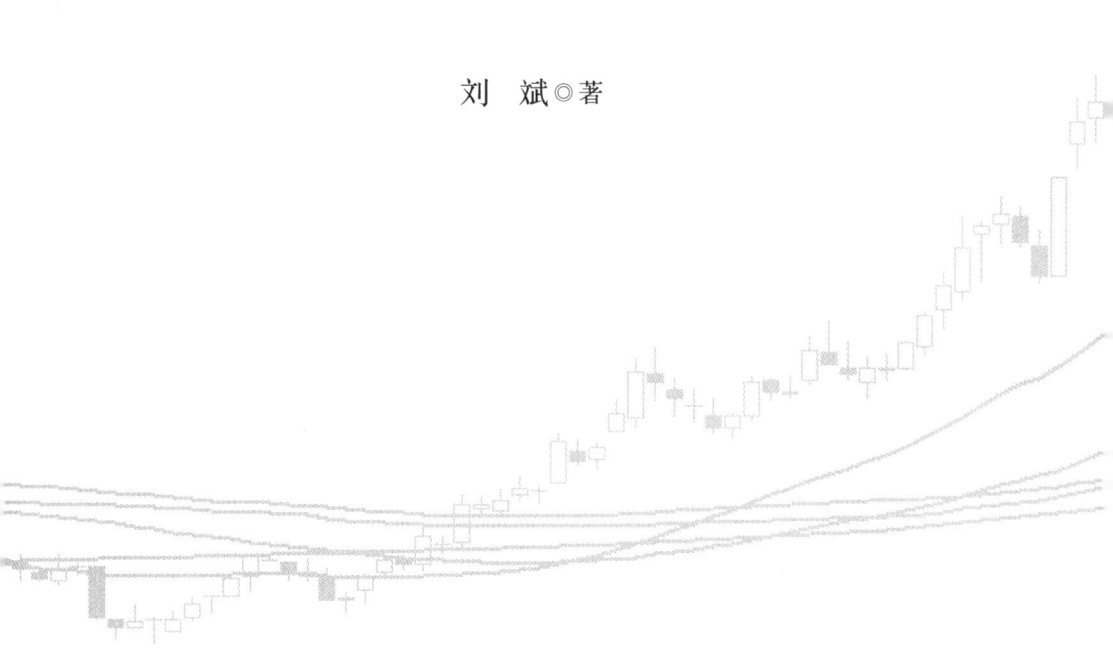

刘 斌 ◎著

Equity Incentive
and Employee Stock Ownership

上海财经大学出版社

图书在版编目(CIP)数据

股权激励与员工持股/刘斌著. —上海：上海财经大学出版社,2022.9
ISBN 978-7-5642-4001-1/F·4001

Ⅰ.①股… Ⅱ.①刘… Ⅲ.①企业-股权激励-研究-中国 Ⅳ.①F279.246

中国版本图书馆CIP数据核字(2022)第137705号

□ 责任编辑　杨　闯
□ 封面设计　张克瑶

股权激励与员工持股

刘　斌　著

上海财经大学出版社出版发行
(上海市中山北一路369号　邮编200083)
网　　址:http://www.sufep.com
电子邮箱:webmaster@sufep.com
全国新华书店经销
江苏苏中印刷有限公司印刷装订
2022年9月第1版　2022年9月第1次印刷

710mm×1000mm　1/16　9.5印张(插页:2)　136千字
定价:48.00元

前　言

　　股东回报是上市公司的经济义务,也是其最主要的社会责任。市值是全体股东价值的市场表现,是衡量股东回报的客观标尺。市值管理应为上市公司最基本和最重要的工作,上市公司应当通过提升发展战略、完善公司治理、改进经营管理、培育核心竞争力以长期、可持续地创造价值,从而提升股东回报。

　　上市公司市值管理是战略性系统工程,包括价值定位、价值创造、价值描述、价值实现等层次。市值管理是专业性很强的管理工作,涉及公司市值战略、资本运作、资产运营、人才资源等方面。市值管理也是技术性很强的实务工作,包括公司治理、分红融资、投资并购、合并分立、权益激励、投资者关系管理、信息披露等工具的具体运用。市值管理无小事,市值管理的一切工作均体现于实务工作中,并接受市场的直接检验,上到市值战略,下至市值管理工具的参数或描述,均可能影响市场预期和评价,进而影响上市公司市值与内在价值的动态均衡。在市值管理工作中,除需要分析问题、解决问题外,还必须预判问题、发现问题,这需要大量的实践和经验积累,需要具备应对和处理问题的技术和能力。科学的市值管理工作必须要有明确的战略目标,遵循计划、组织、指挥、协调、控制的管理科学方法。

　　价值创造是上市公司长期市值管理的基石,经营管理者是上市公司价值创造的主体，权益激励是激发经营管理者主观能动性以提升公司价值创造的重要工具。据不完全统计，截至2021年8月底，沪深交易所共有上市公司4 475家，其中曾实施权益激励的公司为2 106家，占比47%，共计实施期数超过3 320期，尚不计算上市前员工持股的情况。权益激励已经成为上市公司，尤其是以"两创四新"为定位的创业板和以科技创新为定位的科创板上市公司，必备的薪酬激励工具也逐步常态化，成为上市公司薪酬架构的常规组成部分，持续推动上市公司经营发展和市值增长。

权益激励之所以能够发挥激励作用，在于权益激励授予激励对象的所得是一种预期并公之于众，并且该预期具有不确定性，对预期的管理成效决定了实践的成效。既然是对未来预期的管理，权益激励就离不开如何确定目标、如何衡量、如何实践。上市公司应当先明确实施权益激励是何种原因、需要达到何种目标、采用何种衡量方式，其次才是明确权益激励的具体方式、权益工具来源、数量以及如何分配、如何实施等具体事项，依序筹划实施，切不可倒序施行。商业实践中上市公司对于前者常常采用快思考的方式，忽视激励目标就直接着手激励工具的操作。可衡量方可管理，上市公司应当重视激励目标，构建相应的直接指标信息帮助决策，每一次的权益激励均应当采用慢思考的方式处理与应对。

本书尝试对上市公司权益激励进行专题讨论。为了匹配和衡量权益激励的效果和目的，需要构建对应的权益激励信息指标，以便于权益激励的方案设计和实施反馈，方便上市公司及其大股东的决策，为此本书设计并提出了公司激励杠杆和员工激励杠杆等权益激励的评价指标、权益激励效用函数用于引导上市公司明确权益激励目标、制定权益激励计划并实施。秉持着上市公司权益激励应当在市值战略的大目标下设定公司权益激励的中长期目标、通过权益激励的一系列短期目标及方案来不断落实和修正的理念，本书提出了需求监测与分析、筹划与设计、决策与实施、评价与反馈的权益激励工作流程，以及各流程环节需要关注和考量的要素、方法与要领，以便于上市公司权益激励实践中能够有章可循。同时，本书结合自身经验和市场实践，引用或改编了部分案例用于对部分理念与方法的阐述和说明。

本书对权益激励的讨论并不追求全面,尤其是对涉及权益激励的事务性操作,如信息披露、实施申请与报备、证券登记结算、解锁与行权等论述较少。本书主要给具有一定上市公司权益激励知识及经验的读者和上市公司决策层参考。本书关注的是上市公司权益激励的原因、目的以及如何设计、实施、评价、修正,注重原理性(Know-Why)和方法性(Know-How)。

诚然,正如本书第五章及其他章节提到的,权益激励实践中存在众多有效的理念和方法,本书的理念、方法、评价标准是笔者探索和实践经验的总结,抛砖引玉,欢迎大家指正。

刘 斌

2022 年 1 月 5 日

目 录

第一章　权益激励简介　1
　　一、权益激励的定义　6
　　二、权益激励的作用　8
　　三、权益激励存在的问题　12

第二章　权益激励常用工具及分类　17
　　一、股票类权益激励　18
　　二、期权类激励　21
　　三、虚拟类激励　22

第三章　股权激励计划　25
　　一、上市公司实施股权激励计划的条件　26
　　二、股权激励计划激励对象的条件　26
　　三、股权激励计划股份来源　28
　　四、股权激励计划权益数量　30
　　五、股权激励计划权益定价　32
　　六、股权激励计划获益条件　35

七、股权激励计划时间节点　38

　　八、股权激励费用　51

　　九、股权激励计划草案　56

　　十、股权激励计划实施程序　57

第四章　激励型员工持股计划　66

　　一、上市公司回购股份　66

　　二、员工持股计划　69

第五章　权益激励计划评价　75

　　一、公司激励杠杆 LC　76

　　二、员工激励杠杆 LS　79

　　三、收益杠杆 β　83

　　四、实施期间股价稳定的重要性　84

　　五、基于激励杠杆的效用最大化　85

　　六、关于权益激励的个人所得税影响　87

第六章　权益激励计划的筹划与实施　88

　　一、权益激励总体流程　88

　　二、权益激励需求监测与分析　89

　　三、权益激励方案筹划与设计　92

　　四、权益激励方案决策与实施　105

　　五、权益激励实施评估与反馈　106

第七章　权益激励实务流程与案例　108

　　一、确定实施权益激励的需求和目的　109

　　二、确定实施权益激励条件　111

　　三、确定权益激励的总体安排　113

四、确定权益激励的激励力度　115
　　五、确定权益激励的效用函数以及具体要素　116
　　六、履行权益激励决策程序并实施　126

第八章　**权益激励工具组合方案**　130
　　一、接续型组合方案　130
　　二、互补型组合方案　134

后记　141

第一章

权益激励简介

经典委托代理理论(Principal-Agent Theory)是公司实践权益薪酬(Equity Compensation)的主要理论支撑。基于委托代理理论,公司实现了所有权和经营权的分离,由此形成了所有者和经营者之间的委托代理关系。由于委托人与代理人的效用函数不一样,因此委托代理就滋生出了公司所有者和经营者的利益不一致的问题,从而导致经营者并不会总以所有者利益最大化的角度考虑和实施经营决策,形成两者之间的利益博弈。所有者和经营者之间在时间上和内容上的非对称信息(Asymmetric Information),导致委托代理产生的所有者和经营者博弈是一种非对称信息博弈,非对称信息博弈更加不利于公司所有者。在没有有效制度安排的情况下,公司经营者的行为很可能最终损害所有者的利益。通过实行权益薪酬可以使公司总体价值的提升在一定程度上反映到经营者的预期所得中,有效增加所有者和经营者的利益一致性。

以上理论对权益激励的支持过于学术化,在实务操作上并不具备直接的说服力。在与上市公司及其大股东的交流中,我们发现上市公司实施权益激励的主流的原因通常包括:同行业上市公司已经实施[①]、管理层提出相

---

① 这是最常见的动因,也是其他实施权益激励的原因的主要理由之一。

关需求、第三方服务机构建议等；未实施权益激励的上市公司中占主流的原因通常包括：大股东认为公司主要战略及管理均为大股东主导、实施流程过于烦琐（如部分国资控股上市公司）、行业不景气或不在风口会导致权益激励兑现不确定性大、权益激励力度不够不如直接涨薪等。尽管这些实施权益激励与否的原因是多样的，但是大多数的落脚点是能否说服股东，尤其是大股东。以说服为出发点，上市公司及股东在决策时就缺乏衡量的标尺，不方便衡量就容易将原本设想的利益趋同演变为利益博弈，最后变成股东与管理层的相互将就与妥协——双方都觉得自己亏了，如果双方只关注权益激励的形式、权益激励的价格、权益激励的数量，权益激励也就只体现了股份支付的作用。彼得·德鲁克曾指出"你不能衡量它，就不能有效管理它"，上市公司在权益激励时应当考虑如何确定目标、如何衡量、如何管理实践。

上市公司将股东、管理层、利益相关者联系在了一起，本书在此提出上市公司市值管理的"四人价值模型"。从上市公司价值的形成和表现角度出发，本书将上市公司价值划分为公司的经营价值和市场价值两个层次。[①] 公司上市之前，公司股票不能够自由流通，公司价值主要表现为经营价值[②]，具体体现为分红（图1.1为权益激励前公司价值）；公司上市之后，股票获得自由流通，流通实现了公司经营价值和市场价值的分离，上市公司股东价值主要表现为市场价值，即上市公司市值，具体体现为分红、资本利得或持股市值。

上市公司市值是公司价值的直接表现，经营价值是支撑公司市值的最重要的因素之一。

利益相关者是指与公司的交易互利者和公司经营价值提供者。利益相关者通常是产业链上下游公司（如供应商、经销商、客户）以及为公司提供增值服务的公司（如金融机构、中介机构等），通过利益相关者进行的原

---

① 本书将市场价值简单地看做上市公司在资本市场的市值，本书所称市值增长均指复权市值的增长。

② 本书不考虑公司上市前股权融资和控制权出售的情况。

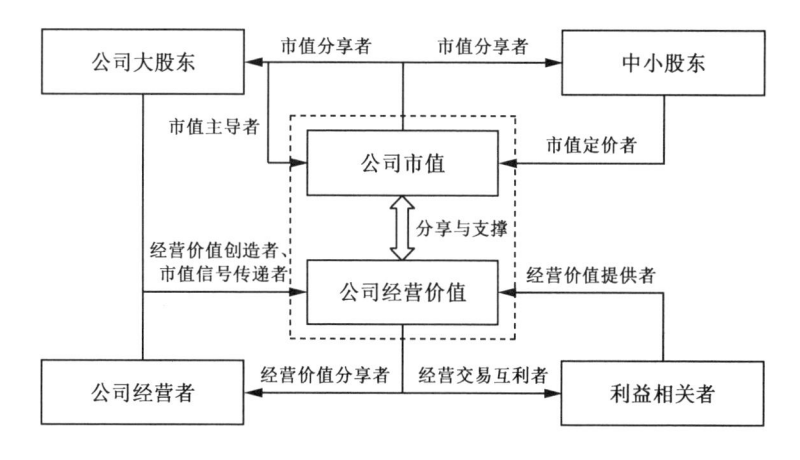

图 1.1 权益激励前公司价值图

料及服务的采购、产品及服务的销售,公司得以在所处产业链中形成资金、业务循环,实现经营价值,从而推动公司市值增长,继而提升股东价值。然而,公司上游利益相关者的收益即为公司的经营成本,下游利益相关者的成本即为公司的经营收入,如果利益相关者无法参与公司市值的分享,利益相关者在与公司的竞合关系中则会更多倾向于博弈,导致上下游利益相关者不但会无视上市公司的市值,还容易因短期利益博弈而影响与上市公司的长期合作。实务中典型的案例如债权人通常会关注轻资产类的上市公司资产负债情况和现金流情况而无视上市公司的业务和市值的增长;白酒行业公司、家电、家具等行业公司与经销商之间经常爆发的利益冲突和代理博弈,以及线下经销商体系与电商新零售体系的博弈。

公司经营者是公司经营价值的创造者和优先分享者。公司资产来源于股东和债权人投入以及经营价值创造的积累。随着时代的发展和科技的推动,科技和运营在公司价值的创造中比重越来越大,从而公司经营者对公司的价值增长越来越重要,同时公司经营者又是公司价值信息的主要对外传递者。公司经营者的所得是公司的成本和对经营价值的优先分享,而代表股东价值的公司市值是由公司剩余经营价值为支撑并经过资本市场杠杆放大和其他市值管理工具提升后的产物。因此,如果公司经营者无法参与公司市值的分享,经营者的主要所得为上市公司的税前成本,就容易造成经营者与股东的博弈,而这种非对称信息的博弈通常是以股东利益损失为代价的,并且既不能合理体现公司经营者的价值,又难以调动公司经营者积极性,经营者也难以切实履行忠实义务和勤勉义务。典型的案例有,上市公司管理层漠视业务升级、重资产轻经营、市值管理及投资者关系管理缺乏,甚至部分上市公司还会出现管理层无必要的超标超规格消费、无视关联方违规占用上市公司资金或资产等行为。

大股东是上市公司经营战略和市值战略的主导者。目前国内上市公司绝大多数均具有控股股东和实际控制人(以下统称"大股东"),实行"三会一层"的法定管理架构。大股东通过股东会、董事会、监事会控制和监督经营管理层,大股东通过"三会一层"控制着公司的战略发展、经营发展以及其他重要事项的决策,和经营层一起创造着公司的经营价值,并对影响上市公司市值的行为和事件具有主导权和决策权,最终以股东的身份分享上市公司的市值增长以获得回报。

中小投资者[①]既不能参与公司经营价值的创造和分配,也不能参与公司市值战略的规划,但却是上市公司市值的决定者。上市公司市值最终表现形式为股本乘以股价,股价是由投资者交易而产生的,因此是投资者对上市公司的综合判断和交易行为决定了上市公司的市值。随着资本市场的发展,投资者越来越机构化、专业化的趋势不会改变,对上市公司市值的定价权也将越来越大、市场越来越集中。粗略统计,目前 A 股市场 4 480 只股票中交易量前 10% 的股票贡献了全市场交易总量的 58%、交易量前 20% 的股票贡献了全市场交易总量的 75%。上市公司必须重视中小投资者对上市公司市值的决定作用和投资者回报工作。

公司的价值是由大股东、中小股东、经营者、利益相关者共同创造和分享的,各方利益所得的不同来源则会影响四者之间的协同。通过实施恰当

---

① 中小投资者可以分为以机构投资者为代表的专业投资者和散户投资者,本书所称中小投资者主要是指机构投资者,尽管散户投资者是机构投资者的基础和财富来源,但是通常情况下,机构投资者尤其是主动管理类机构投资者,其群体行为主导了上市公司交易的方向和价格走势。

的权益薪酬激励方案,使得公司经营者和利益相关者成为特殊的股东,增加公司经营者或利益相关者在公司市值层面的利益预期。成为公司市值分享者后,公司的经营者成为特殊的中小股东,更能够从全体股东长期利益出发提高公司经营价值和公司市值,更能够发挥市值对公司经营的反作用,更能够站在中小股东的角度提升公司治理水平、提升公司透明度,更有效地吸引和回报投资者。图1.2为权益激励后公司价值图。

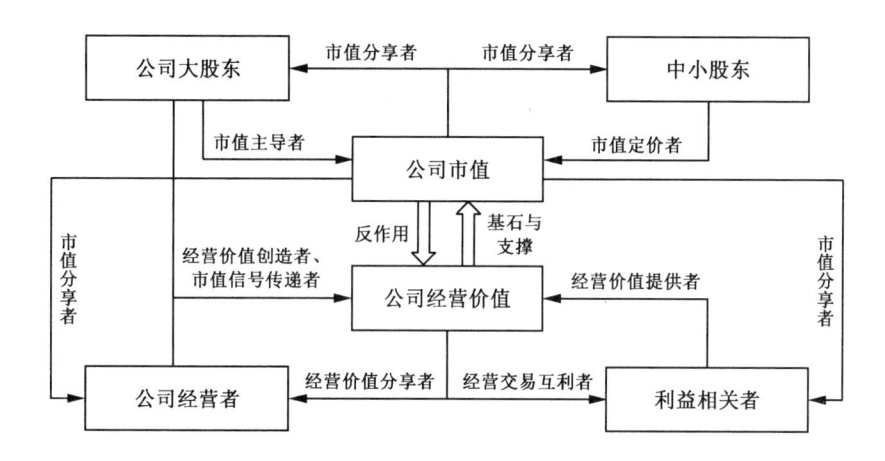

图 1.2 权益激励后公司价值图

实践中,主要通过股权激励计划、员工持股计划、股票增值权等权益激励方式使公司经营者成为公司市值的分享者,通过员工持股计划、战略股东增发股份等方式使公司利益相关者成为公司市值分享者。经营者和利益相关者成为上市公司的权益分享者,并不能贸然判断对上市公司发展的利弊关系,但是在追求上市公司长期市值增长的诉求方面两者是一致的。

某家电行业龙头上市公司引入经销商设立持股计划与公司员工持股计划一起参与公司股份增发,有效增加了上市公司经销渠道的稳定性,为上市公司长期的销售增长起到了积极作用,同时经销商股东与中小股东在公司重要事项方面表现出了重要的影响力,尤其是2012年和2016年股东大会也为市场所关注;某家居行业龙头上市公司控股股东相关人员设立持股计划增持上市公司股份,将会在一定程度上增加控股股东相关人员对上市公司的支持。

一、权益激励的定义

权益薪酬（Equity Compensation）是指将公司自身的权益工具作为劳动或服务的报酬支付给劳动者或服务者，属于股份支付的范畴，权益薪酬常见的实践形式为股权激励、员工持股计划、股票增值权等。由于权益薪酬的未来兑付价值取决于其权益工具的未来市场价值，权益工具的未来价值会因来自公司自身、外部市场以及时间等多方面因素而存在不确定性，不确定性的兑付价值促使劳动者或服务者多方面努力以提升权益工具未来价值，从而产生激励作用。

本书不对上市公司的薪酬体系展开讨论，而是聚焦上市公司市值管理中权益工具的激励作用。我们认为权益激励（Equity Incentive）是以公司权益工具支付或与权益工具挂钩的方式在特定期间对特定对象激励以提升其能动性并获得目标绩效或行为的公司行为。因此，权益激励应当包括以下四个方面：

- 激励目标：获取激励对象的目标绩效或者行为，如经营业绩、财务稳健、促进公司转型、市值增长等绩效，勤勉尽责、防范利益冲突、提升公司治理水平等行为。

- 激励对象：需要为明确的特定对象，主要为公司经营者或利益相关者，其中公司经营者通常主要为董事、高级管理人员、核心骨干以及优秀人才等公司内部员工。

- 结算方式：综合采用各类权益工具支付方式或挂钩权益工具的方式来实现按照权益的价值结算，以有效达成激励目的。权益激励工具在兑付时可以采用权益或现金等形式。

- 激励期间：需要根据激励目的确定激励期间，根据公司经营情况、资本市场情况来确定具体激励工具的实施周期和实施时间。

本书特别强调权益激励的时间特性，权益激励是管理的科学、时间的艺术，权益激励启动之日便是激励对象未来所得利益的预期及其不确定性的产生之时，从而激励产生；权益激励兑现或者确定不兑现之日便是所得利益的预期及其不确定性的消失之时，从而激励消亡。上市公司需要从预期管理的角度关注权益激励的择时和周期。

有效把握激励周期能使权益激励成为一个动态过程，能够将委托代理中的静态博弈转变为动态博弈，通过权益激励筹划、实施、监测、修正的滚动循环，更好地激励特定对象、降低管理层寻租、防范利益冲突，服务好公司的市值战略（见表1.1）。上市公司在筹划权益激励方案前需要从多个层面确定激励的时间周期，既要包括股东层面或公司管理层层面依据公司的业务发展战略和市值增长战略来考虑股权激励的中长周期，又要包括激励对象权益兑现以及权益激励工具的存续期、解锁期、行权期这种具体细化的时间。

表1.1　　　　　　　　　常见的激励周期层次

层次	激励周期
股东/实控人	股东、实控人层面需要根据持有周期进行中长周期的考虑，通常要综合考虑对上市公司长期定位、行业周期、公司战略、人才战略等事宜，要区分对董事和管理层、骨干员工不同的激励期间
董事会	董事会作为公司决策层需要考虑内部董事的任职周期、管理层的任职周期、骨干员工的成长周期、行业发展周期、公司的组织架构演变、业务提升与升级、资本开支以及并购重组等重大事项
管理层	管理层在制定权益激励草案时，需要考虑管理层的任职周期、员工的流动周期、关键业务的推进周期、产能或利润释放周期等事宜，以及资本市场的具体情况

例1.1：某上市公司当前业务为低压电器业务，市场较为成熟且竞争格局较为稳定，近年来公司利润尽管继续增长但是明显缓慢，公司市盈率逐渐走低，公司市值止步不前。公司及控股股东均认为公司市值被低估，经过研究讨论，公司决定将新能源产业作为公司未来主要业务战略方向并提出了相应的市值增长战略，力争用五年时间实现主营业务转型、提升公司估值和市值。为了聚集和激励优秀人才，公司拟实施三期股权激励计划，每期存续期为三年，每年按照30%、30%、40%的比例解锁。该上市公司明确战略周期为五年，实施激励期间共为五年，每一期激励计划

的激励期间为三年,滚动实施。

例1.2:某上市公司制定并实施转型战略后,新能源产业研发周期较长,技术研发进展顺利但距离产品量产仍需要较长时间。进入转型第二年,公司股价遭遇较大幅度下滑,公司分析认为主要系公司低压电器业务增长乏力(预计全年只有个位数增长)、资本市场近期出现资金面收紧所致。由于大股东质押比例较高,公司对新能源战略转型保持较高信心,为了阻止股价非理性下跌,公司随即在已有的股权激励基础上推出股份回购计划和员工持股计划的组合市值管理方案。该公司本次实施的激励型员工持股计划主要为解决短期问题和个别问题,因此锁定期较短,为12个月。

例1.3:三年后,某上市公司了解到公司低压电器竞争对手向高压电器成功转型,预计低压电器业务明年将会受到竞争对手低价销售策略的挤压,公司新能源技术研发进展顺利即将推向市场,但是预计年底和明年才开始出货起量,确认会计利润需要递延至明年第四季度之后。公司于第二季度实施第三期股权激励计划,按照50%、20%、30%的比例解锁,同时增加本次股权激励额度,该上市公司进一步提高首期解锁比例并利用股权激励计划会计费用确认前高后低的特性,将股权激励费用大部分确认于当年,减少明后年激励费用压力,并且首期解锁比例较高,有助于刺激公司新能源产品放量和公司业绩释放。

二、权益激励的作用

权益激励具有多种作用,可以弥补激励对象较低的薪酬、提升激励对象的激励水平、降低上市公司现金支付成本、增加公司激励对象的跳槽成本,吸引外部优秀人才加入公司,也可以实现更佳的契约、降低管理层寻租,还可以实现增发股份兼顾补充流动资金、减少股价非理性下跌等,并且权益激励可以与其他市值管理工具灵活组合使用,实现上市公司市值增长战略。权益激励之所以能够发挥作用,在于权益激励授予激励对象的所得是一种预期,并且该预期具有能否兑现以及金额上的不确定性。权益激励只有在预期有效的情况下才能发挥作用,预期兑现或者确定不兑现,就不再发挥作用,此时上市公司需要进行新一轮的权益激励或者其他工具,重新树立预期。

本书在此列举权益激励常见的几个目的及用途:

（一）吸引激励对象

市场竞争中，薪酬是吸引和留住公司优秀人才最为重要的手段之一。随着科技的发展和竞争的加剧，人才因素在促进公司价值增长的各种因素中占据越来越重要的位置。而人才在公司中投入主要为时间、知识、技术、创意和管理等能动性资源，权益激励通过权益工具的未来价值将激励对象的回报与公司价值成长联系起来，能够更大程度地调动激励对象的能动性。

上市公司中，高管团队的薪酬以及公司总体薪酬、员工人数及平均薪酬均属于信息披露内容，透明度较高，对公司留住优秀管理团队及人才增加了难度。从经济学的角度考虑，公司为了留住优秀人才而支付的薪酬应当不低于高管及核心人才的机会成本，而博弈论及拍卖相关的理论和实践均已经证明单纯现金薪酬会不断拉高机会成本直至高于其创造的价值，其间会不断侵蚀公司的经营价值留存。权益激励提供的权益结算方式会将激励对象的预期薪酬与公司未来市值的增长密切联系起来，使得激励对象的报酬呈现不确定性，既增加了竞争对手猎聘公司激励对象的信息不对称性，也增加了激励对象跳槽的信息不对称性，上市公司会更容易留住和激励激励对象。

同时，通常作为激励对象的高级管理人员和核心人员的学习能力、适应能力和成长能力较强，公司需要为激励对象提供与其未来成长相匹配的薪酬，以体现公司成长过程中对个人的认可。激励对象的风险厌恶程度通常较普通人员低，他们愿意接受更高程度的风险来获得预期收益更高的薪酬。权益激励将当前和未来贡献的价值以权益工具来计量和支付，能够较好地权衡公司和激励对象的利益，相对公允且易于被双方认可，减少激励对象与公司的博弈、增加激励对象与公司的利益趋同。而且，权益激励薪酬具有支付成本外部化效应，即上市公司以较少或有限的激励费用能够提供无上限的激励薪酬兑付，从而提高公司的薪酬承受能力，提供更加有竞争力的薪酬体系。

（二）降低利益冲突

在所有权和经营权分离的背景下，除了公司股东与管理层之间存在着委托代理关系之外，还存在多种委托代理关系，如中小股东与大股东实际控制人之间的委托代理关系[①]、公司管理层与基层员工间的委托代理关系等，委托代理关系几乎存在于每一个岗位之中。根据委托代理的各项理论和实务研究，如果委托代理关系的双方当事人追求各自效用最大化的目标，代理人行为就不会总以委托人的利益最大化为目标，必然产生一定的利益冲突。从信息经济学角度出发，委托人和代理人又存在信息不对称。契约不完全和信息不对称共同促成委托代理中的利益冲突成为普遍存在却又难以消除的现实。

最佳契约理论告诉我们，健全的激励机制和惩罚措施是解决委托代理利益冲突的重要途径之一。经过精心设计激励，达到委托代理双方利益尽可能多的一致程度的重叠，权益激励以上市公司市值长期增长为目标。通过权益工具的结算，能够较大程度地提升激励对象积极性，又能提高激励对象从公司整体市值长期最大化角度考虑问题的积极性，从而实现激励对象与上市公司股东利益一致[②]、减少委托代理成本，达成激励相容。

（三）预防管理层寻租

委托代理产生的另一个现实问题就是管理层寻租。根据委托代理理论，假设公司的总体价值 $V(w)$ 是激励对象的努力 w 的函数，激励对象获得的激励价值 V_S 为企业价值 $V(w)$ 的 α 比例，即 $V_S = \alpha \times V(w)$，上市公司股东的剩余价值为 V_C，则 $V_C = V(w) - V_S$。V_C 与 V_S 之和为 $V(w)$，作

[①] 上市公司中小股东和大股东扮演的角色不同。中小股东不具有获得并管理公司的能力，决策权以及董事会、管理层的任命主要由大股东和实控人控制，这在事实上构成了中小股东对大股东的委托。

[②] 本书将股东利益简单化为长期市值增长和最大化，即用市值作为主要的衡量尺度。现实中小股东作为投资者通常将市值增长和分红回报视为最重要的价值实现，并且持股市值增长是最为重要的；但是也有部分实控人或者大股东有时会将减持、分红、融资功能等作为重要的考量。本书认为作为上市公司，大股东应当在市值战略中树立净值化思维，从管资产向管资本转变，从而不断提升对公司长期市值增长的重视。

为激励对象必然会追求V_S最大化、作为上市公司股东必然会追求V_C最大化,两者自然形成博弈。

当管理层认为其获得回报并不能匹配其努力或业绩时,则会通过伪装或欺诈的方式牺牲公司利益进行自我激励形成管理层寻租。囿于信息不对称,公司股东或者董事会难以准确测量管理层的努力和绩效,只能产生对管理层的次优薪酬计划,通常偏离管理层的实际应得,偏离最佳契约。从心理学角度分析,管理层在评价其回报和努力的匹配性时并不仅仅依赖于客观评价,更多的反而是从主观意识出发,如普遍存在的过高地评价自己能力和业绩的情况。而管理层寻租通常的实现形式为现金,具体可以表现为当前现金、货币性福利、辞退后福利、攫取应归属公司的业务机会等。而货币形式的薪酬则会直接将公司和激励对象形成为成本端和收入端的利益对立面。

上市公司实行权益激励后,就股权激励部分而言,激励对象的权益支付所得即为权益市值与行权成本的差额,行权成本于股权激励期间保持不变而权益市值即为股东剩余价值与激励对象持股比例之积,所以激励对象所得激励价值V_S不再为企业价值$V(w)$的α比例,而应为上市公司股东剩余价值V_C的函数,即可以认为$V_S=\alpha \times V_C$。V_S与V_C两者同向,且在一定程度上更加一致了。可以得到$V_S=V(w)\times[\alpha/(1+\alpha)]$,很明显地,激励对象所获得的激励数量$\alpha$为正数,且$\alpha$越大激励对象获得激励程度越大,管理层越努力公司价值就会越大,激励对象获得激励程度越大。公司股东剩余价值$V_C=V(w)/(1+\alpha)$,同等努力程度w时企业$V(w)$相同,则激励比例α越大公司股东所获得的价值留存就越小。所以公司应当利用完善的评价考核体系研究并不时地动态调整激励程度α,实现公司股东剩余价值V_C长期稳健增长同时激励对象获得合理激励V_S。以未来权益结算的权益激励配合完善的公司治理则会将公司和激励对象拉到利益同一侧,产生对公司复权市值增长的诉求。

(四)成本费用外部化

前述的几个作用都是股东层面的期望,成本费用外部化则是管理层的期望。在采用正常的现金薪酬体系下,上市公司管理层及员工的薪酬与激励成本均是从公司税前成本费用中列支,完全计入公司成本。

权益激励工具在操作上不但不会降低公司现金流,反而会增加公司现金流,在成本法费用确认上,通常采用股份支付的会计处理方式。基于谨慎性和可计量的考虑,股份支付准则以授予日的权益工具的公允价值来进行相应的费用计量,但是就激励对象而言,权益工具的真正价值在于未来预期以及投资回报。未来预期是指授予日之后一定时间的可变现日时的股票价格,只有授予日的股价及之前的波动会计入上市公司的激励成本,而可变现日的股价较授予日股价的涨幅及波动不会计入上市公司的激励成本,而这部分成本实际是由全体股东以权益稀释的方式承担了,也即权益激励的部分成本是由全体股东代替上市公司直接承担。同样激励所得的情况下,上市公司采用权益激励付出的成本较低,从而公司利润总额也就较高,故而此方式更受追求业绩的管理层青睐。

投资回报方面,以标准的限制性股票为例,未来即便股价不变也有近100%的投资回报率,而股票期权自然是几乎确定获利的所得。同时,上市公司在实施权益激励时,通常不会降低之前的现金薪酬部分,对于激励对象而言,通常是增加一份可能兑现的获利预期,也是激励对象普遍乐意见到的。

同时,相较于现金薪酬,由于权益激励能够将部分成本外部化,上市公司的净利润较高,在上市公司估值水平不变的情况下,上市公司市值较高。通常上市公司估值水平带来市值的提升远高于权益工具对股东市值的稀释作用,根据对几乎全部实施常态化权益激励的标普500上市公司的统计,这个比例在1 000∶3.25左右。市盈率越高,这个比例就越高,因此,从市值增长的角度看,权益激励的外部化对于公司股东和管理层都是有利的。

三、权益激励存在的问题

以权益工具的价值增长作为激励对象报酬的实现,能够实现公司价值和激励对象利益较大程度的一致,可以改善委托代理关系、优化契约实践。然而权益激励也存在一些问题,权益激励应当也仅应当是公司整体市值战略的重要工具之一,与其他工具结合共同推动公司经营价值和市值的长期增长。

本书在此列举权益激励存在的与股东利益的三个矛盾:

(一)股东利益的长期性与权益工具的有限期的矛盾

上市公司是以持续经营为目的和前提,虽然二级市场不乏中短期投资者,但是投资者的交替更换保证了对公司价值长期增长的期望,并且国内A股市场中绝大多数上市公司均存在追求长期利益的控股股东和实际控制人。[①] 因此,上市公司股东通常以追求长期利益、市场的长期增长为目的。

无论权益工具的行权期和解锁期如何设置,总存在有限的存续期,不存在终止日的权益激励对激励对象是没有价值的,因为预期不可能兑现。权益工具的存续期会引发激励对象的短期逐利行为,追求较短周期后可变现时市值的最大化,而忽视这种行为是否会损害上市公司的长期竞争力。这种情况在现实中比比皆是,尤其是"新官上任"的情况,鲜有投入精力和资金进行较大规模设备更新、研发投入的举措,却常见投入精力和资金进行促销、拓展门店、资产出售,以提升销售、提升利润、提升净资产回报率等行为。

股东与管理层追求利益的时间周期不同产生的矛盾,甚至可能致使权益激励诱发管理层舞弊的短期行为,[②]并且容易导致公司相应监督政策的失效。比如在权益激励实施前,尤其是确定激励价格前,管理层刻意的不当盈余管理、公司负面信息的揭露及放大、异常且较大的资本开支等一系列压制行权价格基数和行权条件基数的行为;随后为满足行权条件、谋求更大激励获利而进行利润操控、虚增利润、虚假披露、哄抬股价等行为。典型的案例如美国安然事件、施乐事件,背后均存在过度行使股票期权的影子。

---

① 目前,通常情况下实控人明确、稳定仍是上市审核的重点之一。
② 众多案例说明股权激励必须保持合理有效的度,这一点在期权形式的激励中更为重要。

股东利益的长期性与权益工具的有限期的矛盾是不可避免的,但这不是权益激励特有的现象,完全采用现金薪酬的上市公司也会遇到这个问题,甚至更加严重,没有预期的不确定性只会增加这个矛盾的负面作用。尽管这个矛盾不可避免,负面作用也不可能完全消除,但实务中可以采用常态化的方式降低这个问题的影响,即上市公司必须将权益激励作为一个较长期的总体战略并由一系列较短期的权益激励方案不断滚动实施,将股东利益的长期性与权益工具的有限期的矛盾由短期的静态博弈转变为长期的动态博弈过程,以此来增加违约方的成本、降低守约方的损失。

(二)股东利益增长需求与权益激励边际效用递减的矛盾

公司追求的是通过业务的永续增长为股东提供持续价值,为了吸引、留住、激励高级管理人员和核心人员持续创造价值,公司通过一系列的薪酬措施对激励对象进行持续激励。然而,随着激励的不断实施,激励对象的激励边际效用会持续递减。同时,随着管理层和核心人员年龄的增长,其个人能力的"天花板"越来越近,其个人能力和绩效的增长也不断放缓,这将会导致权益激励的边际效用递减。

权益激励的动议和具体方案通常是由公司管理层制订,为了应对激励的边际效用递减,管理层通常会转向过度激励或不恰当激励、固化现有权利、固化人员结构、减少人才引进,甚至造假和欺诈,成为公司成长的阻碍。正如巴菲特提到的:一个表现平平甚至表现糟糕的管理者,在他聘任的人际关系主管和咨询顾问的帮助下,最终总是会让公司制定一个精心设计的高管薪酬计划从中牟利,获得过度的报酬,而获得过度报酬的方式就是股票期权。《门口的野蛮人》中作者也引用了贝迪的话,"第一,积累财富不是靠工资和奖金,而是靠持有股权;第二,杠杆收购不是获得公司股权的唯一方法,股票期权也是选择"。

公司,尤其是上市公司,必须加强公司治理,在决策中切实传递股东意志,加强董事会独立性,提高议事能力、决策能力,切实发挥董事会薪酬委员会和董事会审计委员的作用,从董事会层面进行薪酬体系和权益激励的设计、筹划,以实现股东价值最大化。

（三）股东利益持续性和权益激励的多环节的矛盾

上市公司股东通常追求市值的长期稳健增长，而股权激励实务操作中激励对象的获益主要取决于权益激励的行权价、未来出售价以及解锁条件。权益激励主要分为三个阶段：筹划阶段 A、授予阶段 B 和授予后至解锁日阶段 C（图 1.3）。

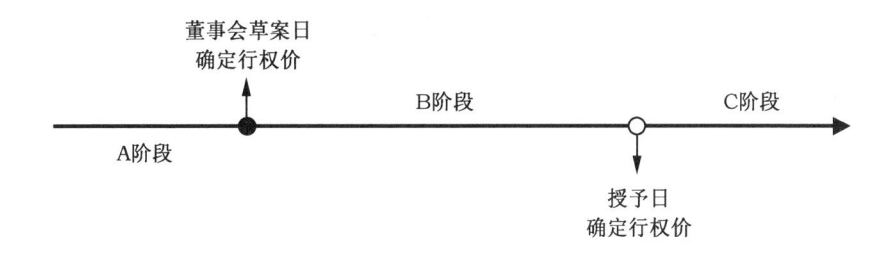

图 1.3　权益激励的主要环节

在阶段 A，由于董事会草案日确定权益激励的行权价或者授予价，行权价、授予价会直接确定激励对象的行权成本，也即从投资回报角度看的投资成本。激励对象希望公司股价和市值处于低位，甚至最好处于阶段性底部，在该阶段激励对象和股东利益存在明显博弈，尤其是与存在质押或者净值化计量的投资者；实务操作中，该阶段公司管理层容易出现进行盈余管理降低公司利润或增长速度、减少投资者交流降低公司透明度、加大计提减值等"财务洗澡"行为，呈现与股东利益短期的背离。

在阶段 B，由于授权日会决定上市公司权益激励的成本费用，该成本费用将于激励期内摊销至每年的当期损益，影响公司利润，股价上涨会增加权益激励的会计费用、股价的大幅波动会增加期权价值、股价下跌过多则会降低激励对象的预期投资回报率，影响激励对象的参与热情。该阶段从上市公司及股东角度出发，倾向于希望该阶段股价稳定，尤其不希望涨；然而对于激励对象则希望股价上涨，获得直观的投资回报预期，两者形成暂时性博弈。在该阶段上市公司为稳定股价，容易出现加快决策速度以缩短阶段 B、降低或者延后信息披露、减少投资者交流降低公司透明度等行为,该行为将会影响到上市公司二级市场交易流动性、透明度,并有损公司资本市场形象。

在阶段C,权益激励已经授予,公司的激励费用和激励对象的行权成本已经确定,上市公司股东与激励对象利益回归一致,共同追求上市公司市值的增长;但是由于上市公司股东是追求长期市值增长,而激励对象则会追求至出售时的短期市值最大化,因此该阶段上市公司股东应当警惕管理层出现虚增利润谋求解锁权益激励舞弊行为,减少计提减值、递延于出售时释放利润等盈余管理行为,刻意降低研发费用增加利润等损害公司长期发展能力的行为,以及忽悠式重组等损害公司资本市场形象的行为等。

综上,权益激励能够在中短期使股东利益与管理层利益尽可能一致,推动公司价值最大化,但是并不能简单地解决上市公司股东对市值长期稳定增长的需求与管理层短期利益诉求的矛盾,需要统筹规划、扬长避短。上市公司可以建立和完善权益激励的长期目标和体系,将每次权益激励计划纳入其中,不断滚动推出权益激励,以使激励对象尤其是管理层较短的定期(如每年)内都有可以行权、但是数量适度的权益激励数量,尽可能将管理层短期市值最大化的追求转变为上市公司长期市值的稳定增长。

第二章

权益激励常用工具及分类

权益激励工具是一个从无到有不断丰富的过程。在我国证券市场早期时,很多国有企业囿于权益激励工具较少和相关监管制度的约束,采用了业绩股票的方式,如上海家化、飞乐股份等(见表2.1);在2018年之前上市公司股权激励不能包括外籍人士,因此很多公司会针对该部分员工采用虚拟股票的方式进行激励;在科创板和创业板采用注册制之后,很多公司则会采用第二类限制性股票。

表 2.1　　　　　　　　　早期权益激励示例

激励类型	上市公司
模拟股票期权	上海贝岭、中国石化(模拟 H 股)、深高速(综合模拟 A 股和 H 股)等
业绩股票激励计划	中远发展、上海家化、电广传媒、广州控股、武汉中商、飞乐股份、天津泰达、金丰投资、东阿阿胶、宝信软件等

当前实务中具备激励作用的权益工具多种多样,常见的权益激励工具主要有限制性股票、股票期权、员工持股计划等。对权益激励的分类,目前尚无特别明确或公认的分类,权益激励的各种工具实务中也会根据权益激励计划的目的进行灵活组合。按照激励股份的来源,可分为增发股份来源和存量股份来源的权益激励;按照股份的实物形态,可以分为股票、期权、

虚拟股票；按照授予方式，可以分为直接授予、激励池（计划）；按照是否采用资金杠杆，可以分为平层型和结构型；按照目的，可以分为激励类、福利类、储蓄类等。上述分类与具体的激励工具并无对应的关系，在实务操作中通过设置激励工具的各项要素以及工具之间的组合搭配，可以形成满足上市公司特定或多元目的的具体权益激励方案。为方便实务运用，本书按照权益激励工具的性质和财务处理方式进行分类，下文分而述之。

一、股票类权益激励

股票类权益激励计划是指以公司实际股份直接交付予激励对象作为激励的标的物的权益激励计划，只是这些作为激励标的物的股份需满足权益激励解锁条件时方可进行流通或分配。目前常用的工具包括限制性股票（第一类）、员工持股计划、储蓄参与股份计划等，是使用较为普遍的权益激励工具。

股票类激励工具一定要考虑激励股份来源的问题，股份来源可以分为新增发股份来源和存量股份来源。上市公司应当从特定的内外部环境以及权益激励的目的出发选择合适的股份来源。

（一）限制性股票（第一类）

限制性股票是国内上市公司最为常用的权益激励工具之一。限制性股票计划是公司以某一低于市价价格将公司股份于授予日售予激励对象，在满足一定条件时方可以解除授予时附加的权利限制，这种权利限制通常是指拥有权以及流通权。在授予日激励对象获得股份，但只有在激励条件满足时可以上市流通，如果激励条件未满足，则激励对象所持股份将由公司回购，从而失去股份拥有权。目前，国内对限制性股票已经有了较为完善的实施规则、财务会计处理准则、税收计缴办法，目前中国证监会已经取消了股权激励的备案制度，上市公司实施起来更加便捷。

限制性股票的股份来源通常有两种方式：一是新增发股份；二是公司回购股份。上市公司新增发股份是目前限制性股票常用的股份来源方式，适用于大多数上市公司。限制性股票激励授予激励对象时公司获得的认购资金会进入公司流动资金中，在上市公司流动资金吃紧时可解燃眉之急。公司回购股份是指上市公司从二级市场购买股份后再以较低的价格售予激励对象,该方式主要适用于现金流较为充沛的上市公司,或者公司认为股价不合理下跌时采取股份回购进行市值管理的上市公司的后续运作。

(二)员工持股计划

员工持股计划(Employee Stock Ownership Plans,ESOP)是指员工作为最终受益人,通过信托或产品计划等特殊目的平台持有本公司的股份。根据证监会的定义,员工持股计划是指上市公司根据员工意愿,通过合法方式使员工获得本公司股票并长期持有,股份权益按约定分配给员工的制度安排。员工持股计划是企业所有者与员工分享企业所有权和未来收益权的一种制度安排。员工通过购买企业部分股票(或股权)而拥有企业的部分产权,促使在持股存续期内员工与公司股东利益一致。

员工持股计划能够增强企业的凝聚力,增加企业和员工的效率,同时能降低企业的工资压力和成本压力,尤其是在具有较高业绩奖励和提成的薪酬体系中。在成熟市场中,员工持股计划已经成为一项基本制度,也成为法律肯定的员工收入的有力补充,并获得政府在税收方面的支持。目前我国对股票市场的资本利得实行免交所得税,员工持股较限制性股票和股票期权具有先天的制度优势,同时操作灵活方便。同时员工持股是属于非常适合国内 A 股特性的股权激励制度,尤其是结构型员工持股计划[①]。员工持股通常分为以下三类:

1. 福利型员工持股计划

对于部分需要引入和留住的优秀人才,公司或者公司主要股东向激励对象赠股,或者以较低折扣的方式向激励对象授予股份。该种激励方式在我国股权激励制度尚未健全时较为常见,但是该激励方式在财务处理上应当作为股份支付确认期间费用,相较于限制性股票和股票期权并没有优势,同时随着上市公司的激励体系不断完善,目前采用该方式的上市公司

---

① 由于资管新规对杠杆率的监管,目前结构性员工持股计划已经较为少见;但是由于监管对股份回购的支持,平层性员工持股计划将成为重要的激励组合工具。

越来越少。

2. 普通型员工持股计划

普通购买型员工持股计划主要是激励对象从二级市场、主要股东或者上市公司处购买公司股票,购买的资金来源通常来自激励对象自筹,具体形式可能是激励对象获得的奖金或其他形式薪酬以及自有资金。该方式本质上是将激励对象的部分现金薪酬替换权益工具,能起到绑定激励对象的作用,但是激励作用较小且极为容易造成公司薪酬体系较高、管理层弄虚造假,常常未能让激励对象与股东利益达成一致,甚至加重委托代理问题。

3. 结构型员工持股计划

增加金融杠杆的结构型员工持股是我国资本市场最具吸引力的激励形式,实务中优先劣后比例最高达到过8∶1,结构型资金计划曾是实施员工持股的重要载体和员工激励的主要方式。但是随着市场的波动和资管产品去杠杆的监管导向,尤其是《关于规范金融机构资产管理业务的指导意见》这一资管新规的实施,对杠杆型员工持股造成了较大的负面影响,目前已经较为少见。

4. 激励型员工持股计划

激励型员工持股计划通过员工持股计划折价受让公司回购股份的方式实现激励。证监会《关于支持上市公司回购股份的意见》(2018第35号公告)和2018年修订的《公司法》均鼓励回购股份用于股权激励,极大地推动了激励型员工持股计划的发展。激励型员工持股计划具有激励作用,本书后续章节将重点阐述。

(三)储蓄参与股份计划

储蓄参与股份计划是允许公司激励对象每年将收入的一部分以低于市场价的方式购买公司的股份。该激励计划主要见于成熟市场的较大规模的上市公司,激励对象也较高管和核心人员的其他激励计划更广,通常包括更多的员工,是大型公司全面薪酬体系的组成部分,如汇丰银行等。

实施过程中,激励对象通常将每月收入的一定比例(通常不超过10%)放入公司为激励对象设置的储蓄账户,然后储蓄账户每年一次或两次以低于市价的价格(通常会有10%~20%的折扣)购买公司股份。

二、期权类激励

(一)股票期权

股票期权也是常用的一种股权激励形式。股票期权是公司授予激励对象一种权利,激励对象在未来约定的时间满足约定的条件下可以以约定的价格购买约定数量的公司股票。股票期权未来行权时激励对象需要按照约定的价格和数量支付现金,公司则交付相应数量的股份,股份的来源通常为公司增发股份。实务中上市公司很少通过回购二级市场股份作为股票期权的股份来源。

股票期权是美国等市场上市公司最为主流的权益激励工具。[①]

(二)第二类限制性股票

《上海证券交易所科创板上市规则》《深圳证券交易所创业板股票上市规则(2020年12月修订)》中推出了第二类限制性股票。第二类限制性股票是指符合股权激励计划授予条件的激励对象,在满足相应获益条件后分次获得并登记的公司股票。

第二类限制性股票的实质是公司赋予激励对象在满足可行权条件后以约定的授予价格购买公司股票的权利,激励对象于行权日可以获取股票市场价格高于授予价格的上行收益,但无须承担股价下行的风险,本质上为一项股票期权,与限制性股票(第一类)不同。第二类限制性股票由于具有限制性股票和股票期权的双重优势,均优于上述两种激励方式,未来将成为符合条件的公司股权激励的重要方式之一。

在采用定价模型确定公允价值时,因为公允价值既包括期权的内在价值又包括时间价值,所以第二类限制性股票的公允价值通常高于第一类限制性股票的公允价值,也导致公司激励杠杆 LC 稍低于第一类限制性股票。

---

① 美国人才市场竞争和薪酬体系较为完善,按照本书第五章提出的评价指标,一般很少需要通过权益激励提升员工激励薪酬杠杆 LS_R。

三、虚拟类激励

（一）虚拟股票

虚拟股票是上市公司授予激励对象一定数量的虚拟股票，激励对象没有股份的所有权，但是能够享有依据股票价格升值的收益和分红的权利。

虚拟股票在支付时可以支付股票、现金、股票和现金的组合，实务中通常为现金支付。虚拟股票在不授予激励对象股票的情况下，既可以将激励对象的部分收益与公司的股票涨幅和分红联系起来，又不影响公司的表决权，同时对激励对象的要求也由公司自主决定，较为方便灵活；缺点就是激励的成本由公司以现金方式全额承担，本质上还属于现金激励的范畴。

（二）股票增值权

股票增值权与虚拟股票基本类似，是激励对象可以在规定时间内获得规定数量股份的增值收益，也在不授予激励对象股份所有权的情况下将激励对象的收益与上市公司市值增长联系起来。

股票增值权与虚拟股票通常是一次性的业绩激励，与具有所有权的实体股份相比，其激励时间较短，通常用于公司短期内的诉求。即便公司可以采用分期支付的方式进行递延，也会出现激励力度不足或者激励成本过高的情况。

（三）延期支付计划

延期支付计划是指公司按照该计划将应支付予激励对象的部分年度奖金存入延期支付账户，并以存入日金额和公司股票市价折算出归属于激励对象的股份数量，在锁定期满后，以股票或现金形式支付予激励对象。

延期支付计划一般锁定期较长，通常5~8年以上或至激励对象退休时。延期支付计划进入延期支付账户时，计划可以直接买入公司股份，也可以参与公司发行股份的认购，还可以寻求第三方的金融服务，如场外互换业务。锁定期满后，通常将累计股份支付予激励对象，也可以按照锁定期满时的市值以现金形式支付予激励对象。

延期支付计划存入账户的金额来自激励对象的部分年度奖金。延期支付计划解锁期较长,容易产生激励对象即期收益落袋为安的期望和未来收益等待期较长的矛盾;同时,因为动用了管理层的即期收益,实务中为了对管理层更少的可即期变现收益的弥补,往往容易导致年度奖金过高,这尤其容易出现在内部董事较多、董事会独立性欠佳等信息不对称和委托代理问题较多的公司中。所以,延期支付计划很难具备单独实施的条件,需与其他中、短期激励方式相结合,成为激励体系的一部分。

(四)业绩股票

业绩股票是指股票授予的数额与个人绩效挂钩,公司确定授予激励对象的目标数额,在股权激励期内按照每年度激励对象的业绩实现情况,授予一定数量或价值的股份。业绩股票总的运作机理类似于限制性股票或者极低行权价的股票期权,不同的是,在激励对象实际业绩超过目标考核业绩时,业绩股票可以超过授予目标数额的股份数量,而限制性股票和股票期权则是固定数量的权益工具数量。

业绩股票以激励对象的年度绩效或任期绩效进行考核授予,通常激励期较短,可以与激励期较长的股权激励计划配合使用,如延期支付计划、年金等。目前,A股市场的股权激励制度和国有企业股权激励制度正逐步完善,组合使用限制性股票、股票期权、员工持股计划能对其具备较好的替代性。

以上按照股份的实体形态将权益激励分为三大类。实务中权益激励也可以按照结算方式,分为以权益结算的权益激励和以现金结算的权益激励。公司实施权益激励的目的是为获取职工和其他方提供服务而授予权益工具或者承担以权益工具为基础确定交易结算。而交易的工具要么是现金,要么是权益。以权益结算的股份支付,是指企业为获取服务以一定数量的股份或其他权益工具作为对价进行结算的交易;以现金结算的股份支付,是指企业为获取服务承担以股份或其他权益工具为基础计算确定的兑付一定金额的现金或其他资产义务的交易。

从投资和激励的角度看,现金结算的权益激励和权益结算的权益激励不会构成对激励对象的激励差异,即现金结算的权益激励和权益结算的权益激励其员工激励杠杆 LS 是相同的①。但是站在公司角度,权益结算的激励计划,公司激励费用来自授予日的公允价值;但是现金结算的激励计划,公司激励费用在于行权日的价格差异。前者为授予日时计算的价值,后者为市场实现的价值于兑付日确定,这两者通常会存在差异,但前者已于授权日确认并计入相关期间的成本或费用,因此从公司财务确认看,后者存在不确定性,不确定性会成为扰动公司未来利润的因素。同时,权益结算的激励成本是由公司和外部资本市场即全体股东共同承担,即公司承担一部分,全体股东承担一部分,而现金结算的权益激励成本由公司自行承担,激励成本无法外部化。所以从公司财务会计及报表考虑,权益结算的权益激励优于现金结算的权益激励。公司应当尽可能采用权益结算的权益激励,只有在拟激励的员工不符合激励对象要求或者其他特殊情况下,才考虑现金支付的虚拟类的权益激励。

本书后续注重讨论权益结算的权益激励,具体包括股权激励和激励型员工持股计划;股权激励包括第一类限制性股票(或称限制性股票)、股票期权、第二类限制性股票;员工持股计划主要讨论以折价方式受让股份的员工持股计划(见图 2.1)。

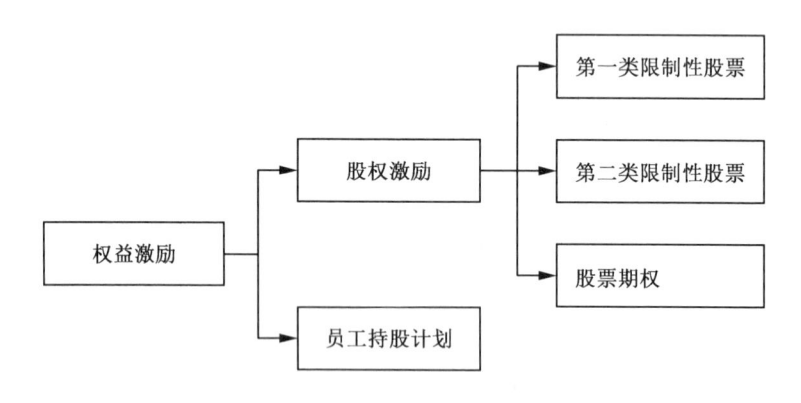

图 2.1 常用的权益结算的权益激励工具

---

① 详见本书第五章。

第三章

股权激励计划

股权激励的定义较为多元,本书直接采用中国证监会在《上市公司股权激励管理办法》中的定义,"股权激励是指上市公司以本公司股票为标的,对其董事、高级管理人员及其他员工进行的长期性激励"。根据《上市公司股权激励管理办法》,股权激励包括限制性股票(即第一类限制性股票)和股票期权。根据《上海证券交易所科创板上市公司上市规则》和《深圳证券交易所创业板上市公司上市规则》,上市公司可以实施第二类限制性股票。

- 第一类限制性股票（或称限制性股票）是指激励对象按照股权激励计划规定的条件,获得的转让等部分权利受到限制的上市公司股票。
- 股票期权是指上市公司授予激励对象在未来一定期限内以预先确定的条件购买上市公司一定数量股份的权利。
- 第二类限制性股票是指符合股权激励计划授予条件的激励对象,在满足相应获益条件后分次归属并登记的上市公司股票。

第一类限制性股票为实务中通常所指的限制性股票。虽然第一类限制性股票与第二类限制性股票均以限制性股票的相关规定进行规范,但两者有本质上的不同。第一类限制性股票为授予日时即授予激励对象上市公司股票于解除限售时激励对象获得转让的权利;第二类限制性股票为授予日时授予激励对象于归属日时购买上市公司股票的权利,第二类限制性股票本质为股票期权。

一、上市公司实施股权激励计划的条件

根据证监会《上市公司股权激励管理办法》的规定,上市公司具有下列情形之一的,不得实行股权激励:

(1)最近一个会计年度财务会计报告被注册会计师出具否定意见或无法表示意见的审计报告;

(2)最近一个会计年度财务报告内部控制被注册会计师出具否定意见或无法表示意见的审计报告;

(3)上市后最近36个月内出现过未按法律法规、公司章程、公开承诺进行利润分配的情形;

(4)法律法规规定不得实行股权激励的;

(5)中国证监会认定的其他情形。

上市公司发生上述规定情形之一的,应当终止实施股权激励计划,不得向激励对象继续授予新的权益,激励对象根据股权激励计划已获授但尚未行使的权益应当终止行使。

上市公司启动及实施增发新股、并购重组、资产注入、发行可转债、发行公司债券等重大事项期间,不影响上市公司实行股权激励计划。

二、股权激励计划激励对象的条件

激励对象可以包括上市公司的董事、高级管理人员、核心技术人员或者核心业务人员,以及公司认为应当激励的对公司经营业绩和未来发展有直接影响的其他员工,但不应当包括独立董事和监事。外籍员工任职上市公司董事、高级管理人员、核心技术人员或者核心业务人员的,可以成为激励对象。

单独或合计持有上市公司5%以上股份的股东或实际控制人及其配偶、父母、子女,不得成为激励对象。下列人员也不得成为激励对象:

最近 12 个月内被证券交易所认定为不适当人选；

最近 12 个月内被中国证监会及其派出机构认定为不适当人选；

最近 12 个月内因重大违法违规行为被中国证监会及其派出机构行政处罚或者采取市场禁入措施；

具有《公司法》规定的不得担任公司董事、高级管理人员情形的；

法律法规规定不得参与上市公司股权激励的；

中国证监会认定的其他情形。

同时，上市公司应当核查股权激励方案前 6 个月激励对象的股票交易情况，激励对象不得存在利用内幕信息进行交易的情形以及泄露内幕信息导致他人交易的情况。

（一）关于 5%股东及其近亲属作为股权激励对象

目前，证监会《上市公司股权激励管理办法》规定，单独或合计持有上市公司 5%以上股份的股东或实控人及其配偶、父母、子女，不得成为激励对象。

《科创板上市规则》和《创业板上市规则》规定，单独或合计持有上市公司 5%以上股份的股东、上市公司实际控制人及其配偶、父母、子女以及上市公司外籍员工，在上市公司担任董事、高级管理人员、核心技术人员或者核心业务人员的，可以成为激励对象。科创公司应当充分说明前述人员成为激励对象的必要性、合理性。

因此，科创板上市公司和创业板上市公司实施股权激励时单独或合计持有上市公司 5%以上股份的股东、上市公司实际控制人及其配偶、父母、子女可以作为激励对象。

例 3.1：某科创板上市公司《2021 年限制性股票激励计划（草案）》的激励对象包括公司实际控制人及一致行动人等 6 位持股超过 5%以上股份的股东。该上市公司 6 名实际控制人及一致行动人，由于同时担任上市公司管理人员，因此可以利用其作为上市公司管理人员的身份而非股东身份参与股权激励计划。上市公司在设计权益激励时可以将其作为权益激励对象。

该上市公司认为作为股权激励对象的实际控制人及一致行动人目前分别担任公

司总经理、董事会秘书、分管销售副总经理、分管生产及采购副总经理、总工程师、研发经理等职位，对上市公司战略、管理、产品研发及市场开发具有重要作用和影响。因此该上市公司基于上述 6 位人员各自在公司经营管理中担任的重要职责成为股权激励对象，他们获授的限制性股票数量亦与其各自的岗位职责相适应。该上市公司认为本激励计划将前述 6 名实际控制人作为激励对象符合公司实际情况和未来发展需要，符合"上市规则"等相关法律法规的规定，具有必要性与合理性。

（二）关于国有上市公司股权激励对象

国有控股上市公司除了要遵守证监会和沪深交易所的规定外，还应当遵守国资监管的有关规定。根据《国有控股上市公司（境内）实施股权激励试行办法》和《国有控股上市公司（境外）实施股权激励试行办法》的相关规定，国有控股上市公司的股权激励对象原则上限于上市公司董事、高级管理人员以及对上市公司整体业绩和持续发展有直接影响的核心技术和管理骨干。

同样，独立董事和监事不能作为国有控股上市公司的激励对象。而对于持有国有控股上市公司 5％以上表决权股份的人员，未经股东大会批准，不得参加上市公司股权激励计划。

对于规模较大的国有控股集团，上市公司作为集团的重要业务部分或者主要的经营主体时，集团和上市公司的决策和发展相互影响程度通常较高，而集团又是国有控股上市公司，这时就会遇到能否对在集团任职的人员进行激励的问题。上市公司规范运作相关规定则要求上市公司的高级管理人员不能在控股股东处担任除董事、监事以外的职务，所以实务中遇到的这个问题主要涉及控股股东在上市公司担任董事的相关人员。在非国有上市公司中，对这一点并没有禁止性规定，只要符合条件就可以参加激励，而对于国有控股上市公司，则规定上市公司母公司（控股公司）的负责人在上市公司担任职务的，可参加股权激励计划，但只能参与一家上市公司的股权激励计划。

三、股权激励计划股份来源

上市公司实行股权激励计划，可以下列方式作为标的股票来源：

向激励对象发行股份；

回购本公司股份；

法律、行政法规允许的其他方式。

上市公司股权激励计划涉及的增发股份，目前无论决策还是操作都非常方便，不需要中国证监会备案，上市公司股东大会决议通过即可与证券交易所和证券登记结算公司申请办理相关业务。

根据《公司法》(2018年修订)第一百四十二条，上市公司回购股份用于员工持股计划或者股权激励的可以依照公司章程的规定或者股东大会的授权，经2/3以上董事出席的董事会会议决议。上市公司应当通过公开的集中交易方式进行回购，上市公司合计持有的本公司股份数不得超过本公司已发行股份总额的10%，并应当在三年内转让或者注销。同时中国证监会《关于支持上市公司回购股份的意见》(2018第35号公告)和"关于认真学习贯彻《全国人民代表大会常务委员会关于修改〈中华人民共和国公司法〉的决定》的通知"(2018第37号公告)、同时沪深交易所均出具相应的实施细则，鼓励上市公司回购股份用于股权激励和员工持股计划。

实务中回购股份主要用于员工持股计划或第一类限制性股票，很少用于股票期权或第二类限制性股票计划。主要原因为《公司法》要求回购股份用于员工持股计划或者股权激励的必须三年内完成转让，而《上市公司股权激励管理办法》则要求：股票期权授权日与获授股票期权首次可行权日之间的间隔不得少于12个月，上市公司应当规定激励对象分期行权，每期时限不得少于12个月，后一行权期的起算日不得早于前一行权期的届满日。每期可行权的股票期权比例不得超过激励对象获授股票期权总额的50%。这样股票期权的最短行权期不少于24个月、最短有效期不少于36个月，再加上实务操作中的决策期和窗口期、回购股份所需耗费时间，比较难以在《公司法》规定的时间窗口内完成股票期权计划的全部行权或第二类限制性股票计划的全部归属。当然上市公司也可以每年进行股份回购以作为股票期权或第二类限制性股票计划的股份来源，但是实务中，我们建议以"回购股份＋员工持股"或"第一类限制性股票和增发股份＋股票期权或第二类限制性股票"的组合方式来替代,更加灵活方便。

本书建议股权激励计划采用以下方式的股份来源(表3.1):

表 3.1　　　　　　　　权益激励工具常用股份来源

股权激励形式	新增发股份	回购股份
限制性股票	√	√(可以,但不推荐)
第二类限制性股票	√	
股票期权	√	

四、股权激励计划权益数量

上市公司全部在有效期内的股权激励计划所涉及的标的股票总数累计不得超过公司股本总额的10%。非经股东大会特别决议批准,任何一名激励对象通过全部在有效期内的股权激励计划获授的本公司股票,累计不得超过公司股本总额的1%。股本总额是指股东大会批准最近一次股权激励计划时上市公司已发行的股本总额。

上海证券交易所科创板上市公司和深圳证券交易所创业板上市公司所有在有效期内的股权激励计划所涉及的标的股票总数累计不超过上市公司股本总额的20%,任何一名激励对象通过全部在有效期内的股权激励计划获授的本公司股票,累计超过公司股本总额1%的需要说明其必要性和合理性(表3.2)。

表 3.2　　　　　　　不同上市板块股权激励数量上限

上市板块	有效期内股权激励数量占总股本比例上限
上海证券交易所　主板	10%
上海证券交易所　科创板	20%
深圳证券交易所　主板(含中小板)	10%
深圳证券交易所　创业板	20%

上市公司在推出股权激励计划时,可以设置预留权益,预留比例不得

超过本次股权激励计划拟授予权益数量的20%。上市公司应当在股权激励计划经股东大会审议通过后12个月内明确预留权益的授予对象；超过12个月未明确激励对象的，预留权益失效。

例3.2： 某创业板上市公司在《2021年限制性股票与股票期权激励计划》中激励对象包括1名外籍员工且该名激励对象此次获授的第二类限制性股票数量超过公司股本总额的1%，理由如下：该激励对象担任公司海外运营中心负责人，为公司引进的高端人才。激励对象加入公司后，担负着把握公司海外业务战略发展方向，制定公司海外业务战略规划，整合战略合作资源，引领公司海外业务战略升级、创新发展的重大责任，在全球"碳中和"的大背景下，引领公司与"碳中和"相关业务的战略发展，为公司在全球市场发展提供有力保障，使公司能够有能力保持国际竞争水平以及提高公司的国际市场地位。为了将该激励对象个人利益与公司整体利益长期、紧密绑定，同时对其起到相应的激励作用，公司授予该激励对象第二类限制性股票数量超过本激励计划草案公告时公司股本总额的1%具备合理性，符合公司的实际情况和发展需要，符合《上市规则》等相关法律法规的规定，具有必要性和合理性。

对于国有控股上市公司，除了遵守证监会和沪深交易所相关要求外，还需要遵守国资监管部门、财政部门的特别规定。根据《关于印发〈国有控股上市公司（境内）实施股权激励试行办法〉的通知》的相关规定：国有上市公司全部有效的股权激励计划所涉及的标的股票总数累计不得超过公司股本总额的10%。国有上市公司首次实施股权激励计划授予的股权数量原则上应控制在上市公司股本总额的1%以内。国有上市公司任何一名激励对象通过全部有效的股权激励计划获授的本公司股权，累计不得超过公司股本总额的1%，经股东大会特别决议批准的除外。

在股权激励计划有效期内，高级管理人员个人股权激励预期收益水平应控制在其薪酬总水平（含预期的期权或股权收益）的30%以内。高级管理人员薪酬总水平应参照国有资产监督管理机构或部门的原则规定，依据上市公司绩效考核与薪酬管理办法确定。同时，根据《关于规范国有控股上市公司实施股权激励制度有关问题的通知》，对行权有效期内股票价格偏高，致使股票期权（或股票增值权）的实际行权收益超出计划核定的预期收益水平的上市公司,根据业绩考核指标完成情况和股票价格增长情况合理控制股权激励实际收益水平。即在行权有效期内,激励对象股权激励收益占本期股票期权(或股票增值权)授予时薪酬总水平(含股权激励收益,下同)的最高比例,境内上市公司及境外 H 股公司原则上不得超过 40％,境外红筹股公司原则上不得超过 50％。股权激励实际收益超出上述比例的,尚未行权的股票期权(或股票增值权)不再行使或将行权收益上交公司。

五、股权激励计划权益定价

授予价格是上市公司向激励对象授予限制性股票时所确定的、激励对象获得上市公司股份的价格。行权价格是上市公司向激励对象授予股票期权时所确定的、激励对象购买上市公司股份的价格。由于第二类限制性股票本质为股票期权,因此其授予价格本质上为行权价格。

上市公司确定第一类限制性股票、第二类限制性股票的授予价格和股票期权的行权价格时,应当首先按照以下原则确定基准价格。基准价格为下列两者价格较高者:

股权激励计划草案公布前 1 个交易日的公司股票交易均价;

股权激励计划草案公布前 20 个交易日、60 个交易日或者 120 个交易日的公司股票交易均价之一。

上市公司股票交易均价为期间内上市公司股票交易总额与交易量的商。原则上股权激励权益定价为(见表 3.3):

表 3.3　　　　　　　　不同股权激励工具定价原则

股权激励计划工具	定价原则
第一类限制性股票　授予价格	不低于基准价的 50％
第二类限制性股票　授予价格	不低于基准价的 50％
股票期权　　　　　行权价格	不低于基准价

上市公司采用其他方法确定第一类限制性股票、第二类限制性股票授

予价格或股票期权行权价格的，应当在股权激励计划中对定价依据及定价方式作出说明。同时，上市公司应当聘请独立财务顾问，对股权激励计划的可行性、是否有利于上市公司的持续发展、相关定价依据和定价方法的合理性、是否损害上市公司利益以及对股东利益的影响发表专业意见。

但是根据《证券发行管理办法》上市公司以增发股份实施股权激励时，第一类限制性股票和第二类限制性股票的授予价格、股票期权的行权价格不得低于股票面值。

由于本书主要考虑权益激励及其对市值管理的常态化和长效化的用途，故后续章节通常情况较少考虑过低权益价格的自主定价方式，因为本书认为过低的授予价格或行权价格应当遵循少量、少人的原则，可以作为偶尔性的权益激励工具使用、可以类似欧美授出的股票期权但量要较正常的权益激励更少、只针对个别的人员实施；否则，过低的授予价格或行权价格一旦常态化后，长期看通常会损害股东利益。同时，具备特殊情况的上市公司权益激励定价的操作与本书讨论的情况相似，如自主定价、奖励股票等均可与权益激励和员工持股计划同等处理。

例 3.3：乙上市公司 2021 年科创板限制性股票激励计划中对第二类限制性股票的授予价格采用自主定价的方法。授予价格为每股 20 元，是股权激励计划公告前 1 个交易日公司 A 股股票交易均价（每股 54.86 元）的 36.46%、前 20 个交易日公司 A 股股票交易均价（每股 55.23 元）的 36.21%、前 60 个交易日公司 A 股股票交易均价（每股 56.55 元）的 35.37%、前 120 个交易日公司 A 股股票交易均价（每股 57.90 元）的 34.54%。预留部分限制性股票的授予价格同首次授予部分限制性股票的授予价格一致，为每股 20 元。

乙上市公司披露公司本次限制性股票的授予价格及定价方法，是以促进公司发展、维护股东权益为根本目的，基于对公司未来发展前景的信心和内在价值的认可，本着激励与约束对等的原则而定。公司所处的集成电路晶圆代工行业属于技术密集型行业，集成电路晶圆代工涉及数十种科学技术及工程领域学科知识的综合应用，需要相关人才具备扎实的专业知识和长期的技术沉淀。同时，各环节的工艺配合和误差控制要求极高，需要相关人才具备很强的综合能力和经验积累。近年来集成电路企业数量高速增长，行业优秀技术人才的供给存在一定缺口，人才争夺日益激烈。

本激励计划授予价格有利于公司在不同时间周期和经营环境下把握人才激励的灵活性和有效性，使公司在行业优秀人才竞争中掌握主动权。同时，本行业人才的绩效表现是长期性的，需要有中长期的激励政策配合。因此本次股权激励能够帮助公司在行业优秀人才竞争中掌握主动权，不断增强自身核心竞争力。本次股权激励计划的定价综合考虑了激励计划的有效性和公司股份支付费用影响等因素，并合理确定了激励对象范围和授予权益数量，遵循了激励约束对等原则，不会对公司经营造成负面影响，体现了公司实际激励需求，具有合理性，且激励对象未来的收益取决于公司未来业绩发展和二级市场股价。

综上，乙上市公司认为在符合相关法律法规、规范性文件的基础上，公司确定了本次限制性股票激励计划首次及预留的授予价格，此次激励计划的实施将更加稳定核心团队，实现员工利益与股东利益的深度绑定。公司聘请的具有证券从业资质的独立财务顾问将对本计划的可行性、相关定价依据和定价方法的合理性、是否有利于公司持续发展、是否损害股东利益等发表意见。

对于国有控股上市公司，除了遵守证监会和沪深交易所上述相关要求外，还需要遵守国资监管部门、财政部门的特别规定。根据《关于印发〈国有控股上市公司（境内）实施股权激励试行办法〉的通知》，国有上市公司股权的授予价格应不低于下列价格较高者：

股权激励计划草案摘要公布前1个交易日的公司标的股票收盘价；

股权激励计划草案摘要公布前30个交易日内的公司标的股票平均收盘价。

因此，国有上市公司拟进行股权激励与国资监管部门沟通时通常以价格的较高者作为基准价格[①]：

股权激励计划草案公布前1个交易日的公司股票交易均价；

股权激励计划草案公布前20个交易日、60个交易日或者120个交易日的公司股票交易均价之一；

股权激励计划草案摘要公布前1个交易日的公司标的股票收盘价；

股权激励计划草案摘要公布前30个交易日内的公司标的股票平均收

---

① 目前各地国资监管部门的要求不尽相同。

盘价。

六、股权激励计划获益条件

上市公司应当设立激励对象获授权益、行使权益的条件。拟分次授出权益的,应当就每次激励对象获授权益分别设立条件;分期行权的,应当就每次激励对象行使权益分别设立条件。激励对象为董事、高级管理人员的,上市公司应当设立绩效考核指标作为激励对象行使权益的条件。获益条件的要求虽然比较简单,但是获益条件,尤其是财务指标的设计,通常会作上市公司的业绩指引之用。

绩效考核指标应当包括公司业绩指标和激励对象个人绩效指标。相关指标应当客观公开,清晰透明,符合公司的实际情况,有利于促进公司竞争力的提升。上市公司可以公司历史业绩或同行业可比公司相关指标作为公司业绩指标对照依据,公司选取的业绩指标可以包括净资产收益率、每股收益、每股分红等能够反映股东回报和公司价值创造的综合性指标,以及净利润增长率、主营业务收入增长率等能够反映公司盈利能力和市场价值的成长性指标。以同行业可比公司相关指标作为对照依据的,选取的对照公司不少于3家。激励对象个人绩效指标由上市公司自行确定。

上市公司可以同时实行多期股权激励计划。同时实行多期股权激励计划的,各期激励计划设立的公司业绩指标应当保持可比性,后期激励计划的公司业绩指标低于前期激励计划的,上市公司应当充分说明其原因与合理性。

上市公司应当在公告股权激励计划草案中披露设定公司业绩指标和激励对象个人绩效指标,以及所设定指标的科学性和合理性。

(一)公司业绩指标

实务中,公司业绩指标通常采用营业收入、净利润等财务指标作为公司业绩指标,主要是因为其能够较好、较为综合地反映公司的成长性和价值实现,且不容易被管理层操控。如果股权激励计划的公司业绩指标未包括财务性指标,则公司需要对设定公司业绩指标的必要性和合理性做出特别说明。

就国有上市公司而言,必须设置相关业绩指标。根据《关于规范国有控股上市公司实施股权激励制度有关问题的通知》中要求,国有上市公司实施股权激励,应建立完善的业绩考核体系和考核办法。业绩考核指标应包含反映股东回报和公司价值创造等综合性指标,如净资产收益率(ROE)、经济增加值(EVA)、每股收益等;反映公司盈利能力及市场价值等成长性指标,如净利润增长率、主营业务收入增长率、公司总市值增长率等;反映企业收益质量的指标,如主营业务利润占利润总额比重、现金营运指数等。上述三类业绩考核指标原则上至少各选一个。相关业绩考核指标的计算应符合现行会计准则等相关要求。同时要求获益条件应达到的业绩目标,业绩目标的设定应具有前瞻性和挑战性,并切实以业绩考核指标完成情况作为股权激励实施的条件:

- 国有上市公司授予激励对象股权时的业绩目标水平,应不低于公司近3年平均业绩水平及同行业(或选取的同行业境内、外对标企业,行业参照证券监管部门的行业分类标准确定)平均业绩(或对标企业50分位值)水平。

- 国有上市公司激励对象行使权利时的业绩目标水平,应结合上市公司所处行业特点和自身战略发展定位,在授予时业绩水平的基础上有所提高,并不得低于公司同行业平均业绩(或对标企业75分位值)水平。凡低于同行业平均业绩(或对标企业75分位值)水平以下的不得行使。

例3.4:某上市公司2018年限制性股票激励计划分为三期解除限售,每个解除限售期的获益条件如下(见表3.4):

表3.4   某上市公司2018年限制性股票激励计划

解除限售期	业绩考核目标
第一个解除限售期	满足下列条件之一: ①以2018年营业收入为基数,2019年营业收入增长率不低于20%; ②以2018年净利润为基数,2019年净利润增长率不低于15%

续表

解除限售期	业绩考核目标
第二个解除限售期	满足下列条件之一： ①以 2018 年营业收入为基数，2020 年营业收入增长率不低于 40%； ②以 2018 年净利润为基数，2020 年净利润增长率不低于 30%
第三个解除限售期	满足下列条件之一： ①以 2018 年营业收入为基数，2021 年营业收入增长率不低于 60%； ②以 2018 年净利润为基数，2021 年净利润增长率不低于 45%

公司层面业绩考核指标为营业收入增长率或归属于上市公司股东的净利润增长率。营业收入增长率指标可以反映公司主要经营成果及公司资本市场价值；净利润指标反映公司盈利能力，是企业成长性的最终体现，能够树立较好的资本市场形象。经过合理预测并兼顾本激励计划的激励作用，公司为本次激励计划设定了业绩考核目标。

（二）激励对象个人绩效指标

激励对象个人绩效指标由上市公司自行确定。个人绩效指标决定了在公司业绩层面满足获益条件时，激励对象能够获益的权益工具数量或比例。实务中，对激励对象的绩效考核通常分为多个档次，并对应一定的解除限售比例。

例 3.5：某上市公司制定的限制性股票激励计划实施考核管理办法中，约定上市公司薪酬与考核委员会将对激励对象每个考核年度的综合考评进行评级，并依照激励对象的考核结果确定其解除限售比例，个人当年实际可解除限售数量＝解除限售比例×个人当年计划解除限售数量，激励对象当年度因个人绩效考核而不能解除限售的限制性股票，由公司按授予价格进行回购注销。

激励对象的绩效考核结果划分为 A、B、C、D 四个档次，考核评价表适用于所有激励对象，届时根据表 3.5 确定激励对象解除限售的比例：

表 3.5　　　　　　　　　　激励对象解除限售比例

个人层面上一年度考核结果	A	B	C	D
解除限售比例	100%	80%	50%	0%

七、股权激励计划时间节点

股权激励计划具有明确的期间。第一类限制性股票、第二类限制性股票的授予日和股票期权的授权日相同;第一类限制性股票解除限售后、第二类限制性股票确定归属后和股票期权的行权后,三者均是无限售条件的上市公司股票。① 三者在性质上有差异,所以在以下名称术语上有所差别:

- 由于第一类限制性股票于授予日支付对价授予激励对象的为转让的权利受到限制的股票,所以称作授予日、限售期、解除限售。

- 由于股票期权于授权日授予激励对象的为未来支付对价购买股票的权利,所以称作授权日、等待期、最早可行权日、行权期。

- 由于第二类限制性股票本质为购买股票的权利形式上为股票并需要未来支付对价,所以称作授予日、限售期、归属日。

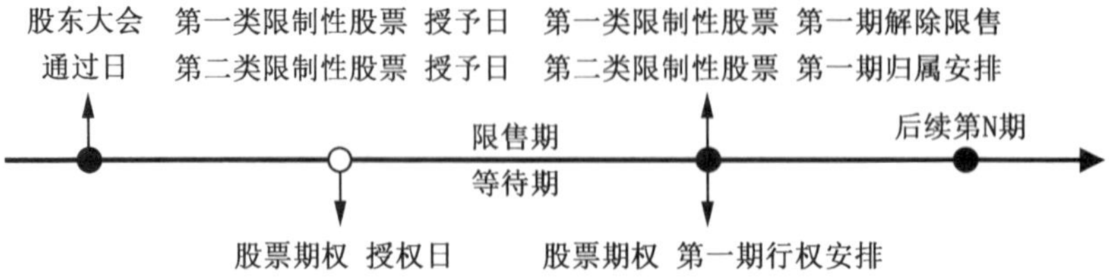

图 3.1　股权激励的时间节点

---

① 董事、高级管理人员还需符合每年不超过 25% 的出售限制。

表 3.6　　　　　　　　　股权激励时间节点的规定

股权激励工具	有效期	授予日/授权日	解除限售日/归属日/可行权日	可交易期
第一类限制性股票	股权激励计划的存续期最长不超过10年	于授予日授予第一类限制性股票,授予需遵守股票交易窗口期相关规定以及短线交易规定。授予日须为交易日	满足解除限售条件后解除限售,解除限售日须为交易日	第一类限制性股票解除限售后、第二类限制性股票办理归属登记后、股票期权行权获得股票后,均进入可交易阶段。激励对象中的董事、高级管理人员出售所持有的股权激励获得的股票必须遵守禁售期规定、股票交易窗口期的规定以及短线交易的规定
第二类限制性股票		于授予日授予第二类限制性股票。授予日须为交易日	满足归属条件后,归属日将公司股票归属于激励对象并办理登记。归属日须为交易日,需遵守股票交易窗口期相关规定以及短线交易规定	
股票期权		于授权日授予股票期权。授予日须为交易日	满足行权条件后,可行权日后行权期内通过集中行权或自主行权,激励对象获得上市公司股票。可行权日须为交易日,需遵守股票交易窗口期相关规定以及短线交易的规定	

（一）股权激励的有效期

上市公司股权激励计划的有效期从首次授予权益日起不得超过10年。上市公司股权激励计划的有效期需要考虑第一类限制性股票的分期解除限售,或第二类限制性股票的分期归属,或股票期权的分期行权的时间,同时还要考虑窗口期对解除限售、归属和行权的影响,所以实务中股权激励的有效期通常为不超过（股权激励工具的期数＋2）×12个月。[①]

例 3.6：科创板乙上市公司 2021 年科创板限制性股票激励计划共分为 4 个归属期,其股权激励的有效期为不超过（4＋2）×12＝72个月；某创业板上市公司在 2021 年限制性股票与股票期权激励计划中第二类限制性股票共分 4 个归属期,第二类限制性股票的有效期不超过（3＋2）×12＝60个月、股票期权共分 4 个行权期,股票期权的有效期不超过（3＋2）×12＝60个月。

---

① 如果上市公司对时间节点有充分的把握,有效期可以不低于（期数＋1）×12个月,但是上市公司市值管理无小事,上市公司需要谨慎操作,建议按照本书公式设置。 第四章员工持股计划有效期实务上通常为（期数＋1）×12个月,也可以为（期数＋2）×12个月。

实务中最常用的是分三期解除限售或归属或行权的对应有效期为60个月,也常见分四期解除限售或归属或行权的对应有效期为72个月,以及分两期解除限售或归属或行权的对应有效期为48个月。

例3.7:某上市公司的限制性股票激励计划规定:本激励计划有效期为自第一类限制性股票首次授予登记完成之日起至激励对象获授的限制性股票全部解除限售或回购注销之日止,最长不超过60个月。某上市公司的第二类限制性股票激励计划规定:本激励计划有效期自第二类限制性股票授予之日起至激励对象获授的限制性股票全部归属或作废失效之日止,最长不超过60个月。某上市公司的股票期权激励计划规定:股票期权激励计划的有效期自股票期权首次授权日起至激励对象获授的股票期权全部行权或注销完毕之日止,最长不超过60个月。

(二)股票交易的窗口期、短线交易期

根据中国证监会《董事、监事、高级管理人员股份管理办法》,上海证券交易所、深圳证券交易所相关的《上市规则》《规范运作指引》以及其他相关规定,存在以下股票交易窗口期、短线交易期、禁售期(见表3.7)。

表3.7　　　　　　　　激励对象的交易规定

上市板块	股权激励对象	窗口期	短线交易期	禁售期
沪深主板	董事、高级管理人员	适用	适用	适用
	核心骨干及其他激励对象	适用		
科创板和创业板	董事、高级管理人员	适用	适用	适用
	持股5%以上的股东及配偶、父母、子女	适用	适用	适用
	核心骨干及其他激励对象	适用		

1. 交易窗口期

公司定期报告公告前30日内,因特殊原因推迟定期报告公告日期的,自原预约公告日前30日起算,至公告前1日;

公司业绩预告、业绩快报公告前10日内;

自可能对本公司股票及其衍生品种交易价格产生较大影响的重大事

件发生之日或者进入决策程序之日,至依法披露后2个交易日内;

中国证监会及深圳证券交易所规定的其他期间。

2. 短线交易期

根据《证券法》第四十四条规定:上市公司股票在国务院批准的其他全国性证券交易场所交易的公司持有5%以上股份的股东、董事、监事、高级管理人员,将其持有的该公司的股票或者其他具有股权性质的证券在买入后6个月内卖出,或者在卖出后6个月内又买入,由此所得收益归该公司所有,公司董事会应当收回其所得收益。

《证券法》第四十四条所称董事、监事、高级管理人员、自然人股东持有的股票或者其他具有股权性质的证券,包括其配偶、父母、子女持有的及利用他人账户持有的股票或者其他具有股权性质的证券。

由于股权激励对象将于授予日或归属日或行权日获得上市公司股票,因此如果公司董事、高级管理人员作为被激励对象在限制性股票授予前6个月内发生过减持公司股票的行为,且经核查后不存在利用内幕信息进行交易的情形,公司可参照《证券法》中关于短线交易的规定,推迟至最后一笔减持交易之日起6个月后授予其第一类限制性股票或者办理第二类限制性股票的归属登记或者股票期权的可行权日。

同时,根据《上市公司董事、监事和高级管理人员所持本公司股份及其变动管理规则》《上市公司董事、监事和高级管理人员所持本公司股份及其变动管理业务指引》的规定,上市公司董事、高级管理人员在任职期间,每年通过集中竞价、大宗交易、协议转让等方式转让的股份不得超过其所持本公司股份总数的25%,所持股份不超过1 000股的,可一次性全部转让。上市公司董事、高级管理人员因为股权激励计划获得的各种年内新增股份,新增无限售条件的股份当年可转让25%,新增有限售条件的股份计入次年可转让股份的计算基数。

(三)股权激励计划的授予日/授权日

授予日是指上市公司向激励对象授予第一类限制性股票或第二类限制性股票的日期,授权日是指上市公司向激励对象授予股票期权的日期。

授予日、授权日必须为交易日。

股权激励计划经股东大会审议通过后，上市公司应当在60日内授予权益并完成公告、登记；有获授权益条件的，应当在条件成就后60日内授出权益并完成公告、登记。上市公司未能在60日内完成上述工作的，应当及时披露未完成的原因，并宣告终止实施股权激励，自公告之日起3个月内不得再次审议股权激励计划。法律及相关规定上市公司不得授出权益的期间不计算在60日内。上市公司应当在股权激励计划经股东大会审议通过后12个月内明确预留权益的授予对象；超过12个月未明确激励对象的，预留权益失效。

如果作为股权激励对象的上市公司董事、高级管理人员发生了短线交易的情形，经核查不存在利用内幕信息进行交易的情形后，上市公司可参照《证券法》中关于短线交易的规定，推迟至最后一笔减持交易之日起6个月后向激励对象授出。

上市公司不能于窗口期内向激励对象授予第一类限制性股票，上市公司不得授出权益的窗口期不计算在60日内。

上市公司向激励对象授予限制性股票时应当与激励对象签订协议，确认股权激励计划的内容，并依照本办法约定双方的其他权利义务。上市公司应当承诺，股权激励计划相关信息披露文件不存在虚假记载、误导性陈述或者重大遗漏。所有激励对象应当承诺，上市公司因信息披露文件中有虚假记载、误导性陈述或者重大遗漏，导致不符合授予权益或行使权益安排的，激励对象应当自相关信息披露文件被确认存在虚假记载、误导性陈述或者重大遗漏后，将由股权激励计划所获得的全部利益返还公司。

例3.8：某中小板上市公司在其2021年限制性股票激励计划中规定：授予日在本计划经公司股东大会审议通过后由董事会确定，授予日必须为交易日。公司需在股东大会审议通过后60日内对激励对象进行首次授予并完成公告、登记。公司未能在60日内完成上述工作的，将终止实施本计划，未授予的限制性股票失效。预留部分须在本次股权激励计划经公司股东大会审议通过后的12个月内授出。上市公司在下列期间不得向激励对象授予限制性股票：

公司定期报告公告前30日内，因特殊原因推迟定期报告公告日期的，自原预约公告日前30日起算，至公告前1日；

公司业绩预告、业绩快报公告前10日内；

自可能对本公司股票及其衍生品种交易价格产生较大影响的重大事件发生之日或者进入决策程序之日，至依法披露后2个交易日内；

中国证监会及深圳证券交易所规定的其他期间。

上述公司不得授出限制性股票的期间不计入60日期限之内。如公司董事、高级管理人员作为激励对象在限制性股票获授前发生减持股票行为，则按照《证券法》中对短线交易的规定自减持之日起推迟6个月授予其限制性股票。

例 3.9：某上市公司第二类限制性股票激励计划经公司股东大会审议通过后，公司将在60日内按相关规定召开董事会向激励对象授予权益，并完成公告等相关程序。公司未能在60日内完成上述工作的，应当及时披露不能完成的原因，并宣告终止实施本激励计划。预留部分须在本次股权激励计划经公司股东大会审议通过后的12个月内授出。授予日在本激励计划经公司股东大会审议通过后由董事会确定，授予日必须为交易日。

（四）股权激励计划的获益安排

获益安排是指第一类限制性股票解除限售、第二类限制性股票确定归属、股票期权行权的安排，获益安排应与获益条件相对应。获益安排决定了权益激励的有效期以及激励效果和激励费用的时间跨度，同时获益安排的期数设置和每期获益比例也决定了每个会计年度的费用确认比例，影响当前公司利润。

权益工具的数量目前只有对上市公司总股本的限制，对于一次股权激励占公司净利润比重较大的股权激励，上市公司应当特别关注获益期安排以及会计摊销导致的权益激励费用先高后低对上市公司当前及未来年度各期损益的影响。目前常用权益激励获益安排通常为2～4期。

激励对象获授的第一类限制性股票在解除限售前、第二类限制性股票在归属前不得转让、用于担保或偿还债务。激励对象已获授但尚未解除限售的第一类限制性股票、尚未归属的第二类限制性股票由于资本公积转增股本、送股等情形增加的股份同时受解除限售条件或归属条件约束，且解除限售或归属之前不得转让、用于担保或偿还债务。若届时第一类限制性股票不得解除限售的,则因前述原因获得的股份同样不得解除限售;第二类限制性股票不得归属的,则因前述原因获得的股份同样不得归属。

1. 第一类限制性股票激励计划的解除限售安排

根据《股权激励管理办法》第一类限制性股票授予日与首次解除限售日之间的间隔不得少于 12 个月。在限制性股票有效期内,上市公司应当规定分期解除限售,每期时限不得少于 12 个月,各期解除限售的比例不得超过激励对象获授限制性股票总额的 50%[①]。当期解除限售的条件未成就的,限制性股票不得解除限售或递延至下期解除限售(见图 3.2)。

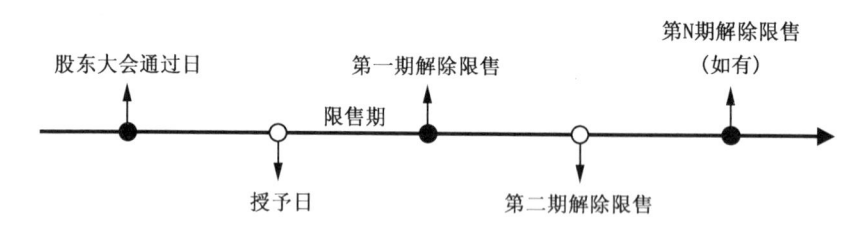

图 3.2 第一类限制性股票的实施节点

激励对象获授的第一类限制性股票由于资本公积金转增股本、股票红利、股票拆细而取得的股份同时限售,不得在二级市场出售或以其他方式转让,该类股份的解除限售期与限制性股票解除限售期相同。

当期解除限售的条件未成就的,第一类限制性股票不得解除限售或递延至下期解除限售。限售期满后,公司为满足解除限售条件的激励对象办理解除限售事宜,未满足解除限售条件的激励对象持有的限制性股票由公司回购注销。

实务中常用的限售期分为三期,对应首次授予限制性股票的限售期分别为自授予限制性股票上市之日起 12 个月、24 个月、36 个月。上市公司可以根据自身实施股权激励的目的进行分期,但是分期不能少于两期且不

[①] 各期解除限售比例不得超过权益工具总量的 50%,换言之,获益期不得少于 2 期。后续股票期权、第二类限制性股票与之相同。

能超过八期。

2. 第二类限制性股票激励计划的归属安排

第二类限制性股票激励计划的归属安排与第一类限制性股票的解除限售安排和股票期权的行权期安排相似。但是，由于期权类激励工具在行权或者归属时，激励对象会获得上市公司增发的上市公司股票，类同于买进流通股股票，因此第二类限制性股票的归属需要遵守相关窗口期的规定（见图 3.3）。

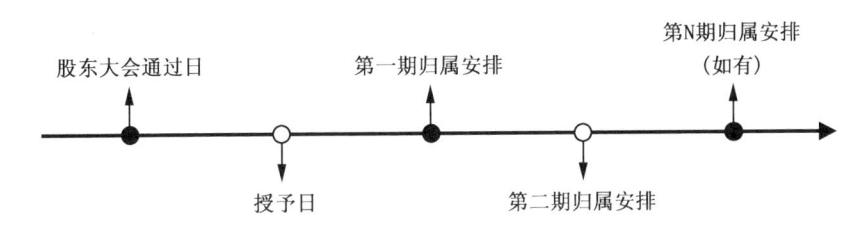

图 3.3　第二类限制性股票的实施节点

例 3.10：某上市公司第二类限制性股票激励计划授予的限制性股票在激励对象满足相应归属条件后将按约定比例分次归属，归属日必须为交易日，但不得在下列期间内归属：

公司定期报告公告前 30 日，因特殊原因推迟定期报告公告日期的，自原预约公告日前 30 日起算，至公告前 1 日；

公司业绩预告、业绩快报公告前 10 日；

自可能对本公司股票及其衍生品种交易价格产生较大影响的重大事件发生之日或者进入决策程序之日，至依法披露后 2 个交易日内；

中国证监会及上海证券交易所规定的其他期间。

上述重大事件为公司依据《上市规则》的规定应当披露的交易或其他重大事项。如相关法律、行政法规、部门规章对不得归属的期间另有规定的，以相关规定为准。

例 3.11：某上市公司进行股权激励，确定了如下首次授予和预留部分的获益安排（见表 3.8）：

表 3.8　　　　　某上市公司首次授予的权益工具获益安排

解除限售/归属/行权安排	解除限售/归属/行权时间	解除限售/归属/行权比例
首次授予第一个获益期	自首次授予完成之日起 12 个月后的首个交易日起至首次授予完成之日起 24 个月内的最后一个交易日当日止	40%
首次授予第二个获益期	自首次授予完成之日起 24 个月后的首个交易日起至首次授予完成之日起 36 个月内的最后一个交易日当日止	30%
首次授予第三个获益期	自首次授予完成之日起 36 个月后的首个交易日起至首次授予完成之日起 48 个月内的最后一个交易日当日止	30%

如预留部分权益工具于首次授予当年授予，则获益安排如下（见表 3.9）：

表 3.9　　　　　某上市公司首次授予当年授予获益安排

解除限售/归属/行权安排	解除限售/归属/行权时间	解除限售/归属/行权比例
预留授予第一个获益期	自预留授予完成之日起 12 个月后的首个交易日起至首次授予完成之日起 24 个月内的最后一个交易日当日止	40%
预留授予第二个获益期	自预留授予完成之日起 24 个月后的首个交易日起至首次授予完成之日起 36 个月内的最后一个交易日当日止	30%
预留授予第三个获益期	自预留授予完成之日起 36 个月后的首个交易日起至首次授予完成之日起 48 个月内的最后一个交易日当日止	30%

如预留部分权益工具于首次授予次年授予，则获益安排如下（见表 3.10）：

表 3.10　　　　　某上市公司首次授予次年授予获益安排

解除限售/归属/行权安排	解除限售/归属/行权时间	解除限售/归属/行权比例
预留授予第一个获益期	自预留授予完成之日起 12 个月后的首个交易日起至预留授予完成之日起 24 个月内的最后一个交易日当日止	50%
预留授予第二个获益期	自预留授予完成之日起 24 个月后的首个交易日起至预留授予完成之日起 36 个月内的最后一个交易日当日止	50%

例 3.12：某上市公司为有效提升权益激励效果和促进公司未来发展，当年较大程度地增加资本开支以及研发投入、同时加大了市场推广及销售费用开支，预计次年公司利润将会出现较大规模增长。该上市公司次年推出以当年净利润为比较基准的、获益期安排为三期的权益激励计划，获益安排为 50%、30%、20%。上市公司预计激励费用 70% 左右将于次年确认①，该安排可以有效利用次年利润较大的增长减少后续年度的费用确认金额，同时可以加速实现激励。

例 3.13：某上市公司为医药研发企业，产品研发周期较长，公司部分重磅创新药在研产品已经研发三年有余，公司预计距离产品注册上市还有至少五年。公司拟实行股权激励，既激励研发团队又向资本市场及全体员工传递信心。考虑到激励期间较长，以及在研产品各临床试验等里程碑事件对公司业务及资本市场股价具有较大影响力，为了更好地将各里程碑阶段研发效果反映在激励效果中、能够适应随着公司发展及市值增长不断引入人才并参与激励，该上市公司制定的激励方案为：总体激励期间为六年，具体由四个激励总额较低分三期获益安排的权益激励计划，自当年及以后三年内每年推出一个，三期获益安排为 33%、33%、34%，每个激励计划授予价格均于推出时确定。

3. 股票期权激励计划的行权安排

股票期权的实施节点见图 3.4。

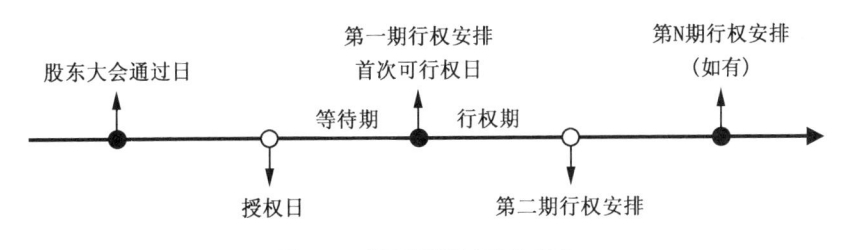

图 3.4　股票期权的实施节点

上市公司股票期权授权日与获授股票期权首次可行权日之间的间隔不得少于 12 个月。在股票期权有效期内，上市公司应当规定激励对象分期行权，每期时限不得少于 12 个月，后一行权期的起算日不得早于前一行权期的届满日。每期可行权的股票期权比例不得超过激励对象获授股票

---

① 激励费用的计算和分摊详见本章第八节。

期权总额的50%。当期行权条件未成就的,股票期权不得行权或递延至下期行权。股票期权各行权期结束后,激励对象未行权的当期股票期权应当终止行权,上市公司应当及时注销。

股票期权在行权时激励对象会获得上市公司股票,因此股票期权的行权需要遵守本书第一章所述窗口期的规定。

例3.14: 某上市公司股票期权激励计划规定在本激励计划经股东大会通过后,股票期权自授权之日起满12个月后可以开始行权。可行权日必须为交易日,但不得在下列期间内行权:

公司定期报告公告前30日内,因特殊原因推迟定期报告公告日期,自原预约公告日前30日起算,至公告前1日;

公司业绩预告、业绩快报公告前10日内;

自可能对本公司股票及衍生品种交易价格产生较大影响的重大事件发生之日或者进入决策程序之日,至依法披露后2个交易日内;

中国证监会及证券交易所规定的其他期间。

(五)股权激励的禁售期

禁售期是指激励对象通过股权激励计划获得的第一类限制性股票解除锁定后、第二类限制性股票归属登记后、股票期权行权获得上市公司股票后,可以进行出售后存在的不得出售的规定。

根据《公司法》《证券法》《上市公司股东、董监高减持股份的若干规定》以及上海证券交易所和深圳证券交易所《上市公司股东及董事、监事、高级管理人员减持股份实施细则》等相关法律、法规、规范性文件的规定,禁售期具体内容如下:

激励对象为公司董事和高级管理人员,其在任职期间每年转让的股份不得超过其所持有本公司股份总数的25%,在离职后半年内,不得转让其所持有的本公司股份;

激励对象为公司董事和高级管理人员,将其持有的本公司股票在买入后6个月内卖出,或者在卖出后6个月内又买入,由此所得收益归本公司所有,本公司董事会将收回其所得收益。

同时，在上市公司激励计划有效期内，如果《公司法》《证券法》《上市公司股东、董监高减持股份的若干规定》《上市公司股东及董事、监事、高级管理人员减持股份实施细则》等相关法律、法规、规范性文件以及《公司章程》中对公司董事和高级管理人员持有股份转让的有关规定发生了变化，则这部分激励对象转让其所持有的公司股票应当在转让时符合修改后的相关规定。

（六）股权激励计划的调整方法和程序

1. 权益工具数量的调整方法

若在激励计划公告当日至激励对象完成第一类限制性股票股份登记期前、第二类限制性股票股份登记期前、股票期权行权前，公司有资本公积转增股本、派送股票红利、股份拆细、配股、缩股等事项，应对限制性股票数量进行相应的调整。调整方法如下：

(1) 资本公积转增股本、派送股票红利、股票拆细

$$Q = Q_0 \times (1+n)$$

其中：Q_0 为调整前的权益工具数量；n 为每股的资本公积转增股本、派送股票红利、股票拆细的比率（即每股股票经转增、送股或拆细后增加的股票数量）；Q 为调整后的权益工具数量。

(2) 配股

$$Q = Q_0 \times P_1 \times (1+n)/(P_1 + P_2 \times n)$$

其中：Q_0 为调整前的权益工具数量；P_1 为股权登记日当日收盘价；P_2 为配股价格；n 为配股的比例（即配股的股数与配股前公司总股本的比例）；Q 为调整后的权益工具数量。

(3) 缩股

$$Q = Q_0 \times n$$

其中：Q_0 为调整前的权益工具数量；n 为缩股比例（即 1 股公司股票缩为 n 股股票）；Q 为调整后的权益工具数量。

(4) 增发

公司在发生增发新股的情况下，限制性股票数量不做调整。

2. 限制性股票授予价格的调整方法

若在激励计划公告当日至激励对象完成第一类限制性股票股份登记期前、第二类限制性股票股份登记期前、股票期权行权前,公司有资本公积转增股本、派送股票红利、股份拆细、配股、缩股或派息等事项,应对限制性股票的授予价格进行相应的调整。调整方法如下:

(1)资本公积转增股本、派送股票红利、股票拆细

$$P = P_0 \div (1+n)$$

其中:P_0 为调整前的授予价格或行权价格;n 为每股的资本公积转增股本、派送股票红利、股票拆细的比率;P 为调整后的授予价格或行权价格。

(2)配股

$$P = P_0 \times (P_1 + P_2 \times n) / [P_1 \times (1+n)]$$

其中:P_0 为调整前的授予价格或行权价格;P_1 为股权登记日当日收盘价;P_2 为配股价格;n 为配股的比例(即配股的股数与配股前股份公司总股本的比例);P 为调整后的授予价格或行权价格。

(3)缩股

$$P = P_0 \div n$$

其中:P_0 为调整前的授予价格或行权价格;n 为缩股比例;P 为调整后的授予价格或行权价格。

(4)派息

$$P = P_0 - V$$

其中:P_0 为调整前的授予价格或行权价格;V 为每股的派息额;P 为调整后的授予价格或行权价格。经派息调整后,P 仍须大于1。

(5)增发

公司在发生增发新股的情况下,限制性股票的授予价格不做调整。

3. 股权激励计划调整的程序

当出现前文所述情况时,应由公司董事会审议通过关于调整限制性股票数量、授予价格的议案。公司应聘请律师就上述调整是否符合《管理办

法》《公司章程》和本激励计划的规定向公司董事会出具专业意见。调整议案经董事会审议通过后,上市公司应当及时披露董事会决议公告,同时公告律师事务所意见。

八、股权激励费用

目前上市公司股权激励的会计处理主要依据两个准则,《企业会计准则第11号——股份支付》和《企业会计准则第22号——金融工具确认和计量》。按照《企业会计准则第11号——股份支付》的规定,以权益结算的股份支付换取职工提供服务的,应当以授予职工权益工具的公允价值计量。在等待期内的每个资产负债表日,上市公司应当以对可行权的股票期权数量的最佳估计为基础,计算当期需确认的股份支付费用,计入相关成本或费用和资本公积。

股权激励的会计处理规定较为笼统,实务操作中的处理也各式各样,主要在于对于公允价值的计量并不一致[主要有Black-Scholes模型(以下简称BS模型)、二叉树期权定价模型、授予日收盘价,还有考虑限售引入认沽期权处理的]即便采用同一种模型的,模型的参数选择也各不相同,如对于波动率参数,有选择本公司的,还有选择行业指数的,也有选择万得全A指数的;尤其是第二类限制性股票,本质上为股票期权,不少上市公司按照第一类限制性股票期权的方式处理(见表3.11)。本书基于权益工具的实质、依据准则和相关规定,从方便实务操作的角度,按照股票类和期权类两类工具进行介绍并阐明原因。

表 3.11　　　　　　　权益激励工具的定价分类

价格定价(收盘价/均价)	模型定价(BS模型、二叉树期权定价模型)
限制性股票 员工持股计划	股票期权 第二类限制性股票

(一)第一类限制性股票激励费用

第一类限制性股票激励计划,属于以权益结算的股份支付,应当在授予日确定授予股份的公允价值,并按照该公允价值将当期取得的服务计入相关成本或费用和资本公积。本书认为授予日的公允价值应当以授予日当天的市场价格为基础,同时考虑授予股份所依据的条款和可行权市场条件进行调整,[①]所以授予股份在授予日的公允价值可以为授予日的收盘价、加权平均价等代表授予日股票价格的价格。参考权益工具的定价原则,建议公允价值取授予日或者过户日的均价,出于实务操作也可以直接选择授予日或者过户日股票收盘价作为授予股份在授予日的公允价值。[②] 即:

每份第一类限制性股票激励费用＝授予日每股股份公允价值－授予价格

总的激励费用为授予的限制性股票的数量与每份第一类限制性股票的激励费用之积。每份第一类限制性股票的激励费用只与授予日的股价和股权激励草案确定的授予价格有关,与股份来源以及股份来源的成本无关。

如果存在分期获益安排时,需要将每期于每个会计年度按月进行分摊,按照会计年度汇总后确定为每个会计年度的激励费用。C 为总的激励费用,共分 N 期进行获益安排,i 代表期数,则 C_i 为第 i 期的激励费用,W_k 为第 k 期的解锁比例,则:

$$C_i = C \times \sum_{k=i}^{N} \frac{W_k}{k} (i=1,\cdots,N)$$

上述公式也可以变形为:

$$C_N = C \times \frac{W_N}{N}, C_i = C_{i+1} + C \times \frac{W_i}{i} (i=1,\cdots,N-1)$$

将每个 C_i 按 12 个月分摊后汇总,可得到每个月的激励费用,每个会

[①] 有观点认为,激励对象要承担股票解除限售的限制,因此存在一定的限制成本,所以应该限制成本从授予股份的公允价值中减除,限制成本应该为进行合理对冲所需要的认沽期权的期权价值,该认沽期权价值可以采用BS模型或二叉树期权定价模型计算。在实务中也有部分上市公司按照该方式确认激励费用并进行相应的会计处理。然而,本书认为该出售权的限制属于市场条件之外的行权条件,不应该计算认沽期权并扣除。

[②] 收盘价容易受到交易日尾盘交易的影响,有时不能较好地反映授予日的公允价值,但是目前收盘集中交易降低了这种影响,并且由于公允价值确定的方法于草案公告日就需要确定,也很难预测授予日尾盘交易的情况,所以从方便实践操作的角度建议直接采用收盘价,并于后期做好相应预案和措施。

计年度的权益激励费用则可以根据激励对象服务月的激励费用进行汇总。

例 3.15： 甲上市公司实施的第一类限制性股票激励计划，激励计划草案确定的授予价格为 4.66 元/股并决定以日收盘价作为当日公允价值，分三期于 12 个月、24 个月、36 个月后解锁，解锁比例分别为 30%、30%、40%。甲上市公司于授予日向激励对象授出股份 750 万股，授予日当日股票均价为 9.32 元/股、收盘价为 9.30 元/股。则甲公司本次股权激励每份股权激励费用为 9.30－4.66＝4.64（元），本次激励计划总费用为 3 480 万元，分三期摊销该费用情况如下（见表 3.12）：

表 3.12　　　　　　　　　　三期摊销费用情况

首次授予的限制性股票数量（万股）	需摊销的总费用（万元）	前 12 个月（万元）	中间 12 个月（万元）	后 12 个月（万元）
750.00	3 480.00	2 030.00	986.00	464.00

注：根据前述，公司可以如下进行计算：第三期费用＝3 480×40%÷3＝464（万元）；第二期费用＝第三期费用＋3 480×30%÷2＝986（万元）；第一期费用＝第二期费用＋3 480×30%＝2 030（万元）。

（二）第二类限制性股票与股票期权激励费用

第二类限制性股票和股票期权本质为股票期权，属于以权益结算的股份支付，上市公司应当以对可行权的股票期权数量的最佳估计为基础，按照授予日股票期权的公允价值，计算当期需确认的股份支付费用，计入相关成本或费用和资本公积。期权的公允价值应当采用期权定价模型确定股票期权的公允价值[①]。期权定价模型通常采用 BS 模型和二叉树期权定价模型，也可采用蒙特卡洛模拟方法。BS 模型[②]需要确定以下参数（见表 3.13）：

---

① 对于第二类限制性股票，本书认为应当采用期权定价模型计算公允价值，该公允价值包括期权的内在价值和时间价值，因为时间价值的存在，第二类限制性股票的激励费用通常高于同等条件下第一类限制性股票的激励费用。第二类限制性股票采用归属日的概念来代替授予日的概念。

② 实务中可以直接在万得 wind 或者同花顺 iFind 等软件提供的期权计算模型，输入上述参数。

表 3.13　　　　　　　　BS 模型需要确定的参数

参数	取值说明
股票股价	为授予日的收盘价
有效期	授权日至每期首个行权日的期限
历史波动率	标的本身或对标指数过去与有效期相同期间的年化波动率
无风险利率	与有效期相同期间的无风险利率(如存款利率、国债利率)
股息率	标的或所属行业或所属板块上年度或与有效期相同期间前的股息率
行权价	股票期权行权价

在期权成本计算中,历史波动率对期权成本影响较大,也是最具有争议的参数指标。考虑上市公司追求激励费用最小化,历史波动率应当越小越好。然而过分追求更低的历史波动率,极易造成激励费用的失真,由此产生的公司激励费用的降低实际是以过多的外部化即全体股东共同承担的增加为代价的。但是,现实中会经常出现上市公司上市时间较短,没有对应区间的波动率,尤其是上市不足一年的上市公司未经过一定数量原始股东的退出,双边交易不足其波动率也难以反映公司股价的真实波动情况,还有一些上市公司短期受到外部政策及环境的影响,股价波动则会过高,也不能反映公司股价的真实波动情况。因此,实务中波动率的选取经常面临各种困难和取舍。常见的波动率的选取为公司自身股价波动率、行业指数波动率、规模(大盘)指数波动率。

如果存在分期行权或获益安排时,需要将每期于每个会计年度按月进行分摊,按照会计年度汇总后确定为每个会计年度的激励费用。共分 N 期进行行权获益安排,i 代表期数,C_i 表示第 i 期的激励费用,V_k 表示第 k 期可行权或获益安排的权益数量对应的期权价值,则第 i 期的激励费用 C_i 为:

$$C_i = \sum_{k=i}^{N} \frac{V_k}{k} (i=1,\cdots,N)$$

上述公式也可以变形为:

$$V_k = Vol \times W_k \times P_k (k=1,\cdots,N)$$

其中：Vol 为本次权益激励授予的权益工具总数量，W_k 为第 k 期的权益工具的可行权或归属安排比例，P_k 为经过期权定价模型计算的第 k 期到期的上市公司每份权益工具的期权价值。

将每个 C_i 按 12 个月分摊后汇总，可得到每个月的激励费用，每个会计年度的权益激励费用则可以根据激励对象服务月的激励费用进行汇总。

例 3.16：乙上市公司第二类限制性股票激励计划董事会决策日及前 20 个交易日公司股票交易均价均大于 55.23 元/股，鉴于科创板企业实行股权激励时上市公司可以自主定价，上市公司决定公司股权激励行权价为 20 元/股。上市公司于授予日授予激励对象 6 808.52 万股，分别于 12 个月、24 个月、36 个月、48 个月后分四期归属，授予日乙上市公司收盘价为 54.79 元/股。上市公司选择 BS 模型计算第二类限制性股票的公允价值，由于科创板指数及公司股票上市均不足两年，公司采用科创板 50 指数最近 12 个月的波动率 32.13%作为 BS 模型的各期的历史波动率；无风险利率分别采用中国人民银行制定的金融机构 1 年期、2 年期、3 年期及以上存款基准利率 1.50%、2.10%、2.75%；公司最近一年的股息率为 0%。经采用 BS 模型计算得出 12 个月、24 个月、36 个月、48 个月每份期权理论价值为 35.09 元、35.66 元、36.54 元、37.19 元，由此得到乙公司本次激励计划总费用为 245 208.85 万元，分四年摊销费用如下（见表 3.14）：

表 3.14

首次授予的限制性股票数量（万股）	需摊销的总费用（万元）	第一年（万元）	第二年（万元）	第三年（万元）	第四年（万元）
6 808.52	245 208.85	135 414.65	63 741.36	33 392.39	12 660.44

例 3.17：丙上市公司实施股票期权激励计划，于授予日向激励对象授出股份 1 200 万份，行权价格为 22.28 元/股，分别于 12 个月、24 个月、36 个月后解锁，解锁比例分别为 30%、30%、40%。授予日当日股票收盘价为 21.31 元/股，丙上市公司采用深圳交易所综合指数波动率近 12 个月、24 个月、36 个月年化波动率分别为 21.15%、22.24%、23.81%，1 年期、2 年期、3 年期存款基准利率为 1.5%、2.1%、2.75%。作为无风险利率，采用 BS 模型计算得出 12 个月、24 个月、36 个

月每份期权理论价值为 1.52 元、2.64 元、3.83 元，计算本次激励计划总费用为 3 058.70 万元，分三年摊销费用如下（见表 3.15）：

表 3.15

首次授予的限制性股票数量（万股）	需摊销的总费用（万元）	第一年（万元）	第二年（万元）	第三年（万元）
1 200.00	3 058.70	1 664.37	934.72	459.61

九、股权激励计划草案

上市公司董事会下设的薪酬与考核委员会负责拟订股权激励计划草案以及考核管理办法。激励计划草案应当包括以下内容：

股权激励的目的。

激励对象的确定依据和范围。

拟授出的权益数量，拟授出权益涉及的标的股票种类、来源、数量及占上市公司股本总额的百分比；分次授出的，每次拟授出的权益数量、涉及的标的股票数量及占股权激励计划涉及的标的股票总额的百分比、占上市公司股本总额的百分比；设置预留权益的，拟预留权益的数量、涉及标的股票数量及占股权激励计划的标的股票总额的百分比。

激励对象为董事、高级管理人员的，其各自可获授的权益数量、占股权激励计划拟授出权益总量的百分比；其他激励对象（各自或者按适当分类）的姓名、职务、可获授的权益数量及占股权激励计划拟授出权益总量的百分比。

股权激励计划的有效期，限制性股票的授予日、限售期和解除限售安排，股票期权的授权日、可行权日、行权有效期和行权安排。

限制性股票的授予价格或者授予价格的确定方法，股票期权的行权价格或者行权价格的确定方法。

激励对象获授权益、行使权益的条件。

上市公司授出权益、激励对象行使权益的程序。

调整权益数量、标的股票数量、授予价格或者行权价格的方法和程序。

股权激励会计处理方法、限制性股票或股票期权公允价值的确定方法、涉及估值模型重要参数取值合理性、实施股权激励应当计提费用及对上市公司经营业绩的影响。

股权激励计划的变更、终止。

上市公司发生控制权变更、合并、分立以及激励对象发生职务变更、离职、死亡等事项时股权激励计划的执行。

上市公司与激励对象之间相关纠纷或争端解决机制。

上市公司与激励对象的其他权利义务。

十、股权激励计划实施程序

根据证监会《上市公司股权激励管理办法》(以下简称《管理办法》)的规定,上市公司实施股权激励需要履行以下流程(见图 3.5):

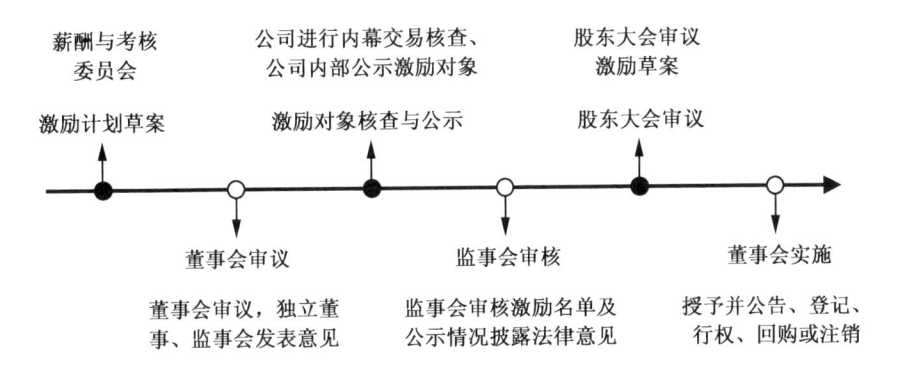

图 3.5 股权激励决策程序

(一)董事会审议股权激励计划

该阶段,上市公司应当准备好以下文件供上市公司董事会、监事会审议,并做出相关信息披露。

表 3.16　　　　　　　　　股权激励文件材料

序号	事　项	董事会审议	监事会审议	独立董事意见	中介机构	信息披露
1	股权激励计划(草案)	√	√			√
2	股权激励计划(草案)摘要	√	√			√
3	股权激励计划实施考核管理办法	√	√			√
4	股权激励计划首次授予激励对象名单	√				√
5	上市公司股权激励计划自查表					√
6	关于提请股东大会授权董事会办理公司股权激励计划相关事宜的议案	√				√
7	关于召开公司临时股东大会的通知	√				√
8	董事会决议公告	√				√
9	监事会决议公告		√			√
10	独立董事对董事会相关事项的独立意见			√	√	
11	独立董事公开征集委托投票权报告书			√	√	√
12	顾问公司关于公司股权激励计划(草案)之独立财务顾问报告				√	√
13	律师事务所关于公司股权激励计划之法律意见书				√	√

1. 董事会审议相关议案

上市公司董事会应当对薪酬与考核委员会负责拟订股权激励计划草案作出决议,拟作为激励对象的董事或与其存在关联关系的董事应当回避表决。

独立董事及监事会应当就股权激励计划草案是否有利于上市公司的持续发展、是否存在明显损害上市公司及全体股东利益的情形发表意见。独立董事或监事会认为有必要的,可以建议上市公司聘请独立财务顾问,对股权激励计划的可行性、是否有利于上市公司的持续发展、是否损害上市公司利益以及对股东利益的影响发表专业意见。上市公司未按照建议聘请独立财务顾问的,应当就此事项作特别说明。

董事会召开日期的选择非常重要,根据本章"股权激励计划权益定价"一节,董事会日将确定股权激励的权益价格。建议上市公司提前准备相关文件,按照本书第五章的相关内容,动态监控,适时召开董事会,提升激励效果。

2. 监事会审核股权激励计划

上市公司应当对内幕信息知情人在股权激励计划草案公告前6个月内买卖本公司股票及其衍生品种的情况进行自查,说明是否存在内幕交易行为。知悉内幕信息而买卖本公司股票的,不得成为激励对象,法律、行政法规及相关司法解释规定不属于内幕交易的情形除外。泄露内幕信息而导致内幕交易发生的,不得成为激励对象。

3. 中介机构对股权激励计划意见

上市公司应当聘请律师事务所对股权激励计划出具法律意见书,至少对以下事项发表专业意见:

上市公司是否符合规定的实行股权激励的条件;

股权激励计划的内容是否符合规定;

股权激励计划的拟订、审议、公示等程序是否符合规定;

股权激励对象的确定是否符合相关法律法规的规定;

上市公司是否已按照中国证监会的相关要求履行信息披露义务;

上市公司是否为激励对象提供财务资助;[1]

股权激励计划是否存在明显损害上市公司及全体股东利益和违反有关法律、行政法规的情形;

拟作为激励对象的董事或与其存在关联关系的董事是否根据《管理办法》的规定进行了回避;

其他应当说明的事项。

4. 监事会审核股权激励对象和公示情况

上市公司应当在召开股东大会前,通过公司网站或者其他途径,在公司内部公示激励对象的姓名和职务,公示期不少于10天。监事会应当对

---

[1] 激励对象参与股权激励计划的资金来源应当合法合规,不得违反法律、行政法规及中国证监会的相关规定。 上市公司不得为激励对象依股权激励计划获取有关权益提供贷款以及其他任何形式的财务资助,包括为其贷款提供担保。

股权激励名单进行审核,充分听取公示意见。上市公司应当在股东大会审议股权激励计划前5日披露监事会对激励名单审核及公示情况的说明。

表 3.17　　　　　　股权激励公示情况文件材料

序号	事　项	董事会审议	监事会审议	独立董事意见	中介机构	信息披露
1	监事会关于公司股权激励计划首次授予激励对象名单的审核意见及公示情况说明		√			√

(二) 股东大会审议股权激励计划

上市公司召开股东大会审议股权激励计划时,独立董事应当就股权激励计划向所有的股东征集委托投票权。

股东大会应当对《管理办法》第九条规定的股权激励计划内容进行表决,并经出席会议的股东所持表决权的2/3以上通过。除上市公司董事、监事、高级管理人员、单独或合计持有上市公司5%以上股份的股东以外,其他股东的投票情况应当单独统计并予以披露。

上市公司股东大会审议股权激励计划时,拟为激励对象的股东或者与激励对象存在关联关系的股东,应当回避表决。

表 3.18　　　　　　股权激励股东大会决策情况文件材料

序号	事　项	董事会审议	监事会审议	股东大会	中介机构	信息披露
1	临时股东大会决议公告			√		√
2	临时股东大会的法律意见书				√	√

(三) 董事会实施股权激励计划

上市公司董事会应当根据股东大会决议,负责实施限制性股票的授予、解除限售和回购以及股票期权的授权、行权和注销。

上市公司授予权益与回购限制性股票、激励对象行使权益前,上市公司应当向证券交易所提出申请,经证券交易所确认后,由证券登记结算机构办理登记结算事宜。[①]

1. 授予限制性股票或期权

股权激励计划经股东大会审议通过后,上市公司应当在 60 日内授予权益并完成公告、登记;[②]有获授权益条件的,应当在条件成就后 60 日内授出权益并完成公告、登记。上市公司未能在 60 日内完成上述工作的,应当及时披露未完成的原因,并宣告终止实施股权激励,自公告之日起 3 个月内不得再次审议股权激励计划。上市公司不得授出权益的期间不计算在 60 日内。

上市公司在向激励对象授出权益前,董事会应当就股权激励计划设定的激励对象获授权益的条件是否成就进行审议,独立董事及监事会应当同时发表明确意见。律师事务所应当对激励对象获授权益的条件是否成就出具法律意见。上市公司向激励对象授出权益与股权激励计划的安排存在差异时,独立董事、监事会(当激励对象发生变化时)、律师事务所、独立财务顾问[③](如有)应当同时发表明确意见。

上市公司监事会应当对限制性股票授予日及期权授予日激励对象名单进行核实并发表意见。

分次授出权益的,在每次授出权益前,上市公司应当召开董事会,按照股权激励计划的内容及首次授出权益时确定的原则,决定授出的权益价格、行使权益安排等内容。当次授予权益的条件未成就时,上市公司不得

[①] 上市公司应当按照证券登记结算机构的业务规则,在证券登记结算机构开设证券账户,用于股权激励的实施。 激励对象为外籍员工的,可以向证券登记结算机构申请开立证券账户。尚未行权的股票期权,以及不得转让的标的股票,应当予以锁定。

[②] 上市公司应当与激励对象签订协议,确认股权激励计划的内容,并依照《管理办法》约定双方的其他权利义务。 上市公司应当承诺,股权激励计划相关信息披露文件不存在虚假记载、误导性陈述或者重大遗漏。 所有激励对象应当承诺,上市公司因信息披露文件中有虚假记载、误导性陈述或者重大遗漏,导致不符合授予权益或行使权益安排的,激励对象应当自相关信息披露文件被确认存在虚假记载、误导性陈述或者重大遗漏后,将由股权激励计划所获得的全部利益返还公司。

[③] 通常上市公司可以根据自身需要及激励方案的复杂程度决定是否需要聘请独立财务顾问。 上市公司采用复杂权益激励方案的,如同一方案中同时采用多种激励工具的,应当聘请独立财务顾问并发表意见。

向激励对象授予权益，未授予的权益也不得递延下期授予。

2. 变更股权激励方案

上市公司在股东大会审议通过股权激励方案之前可对其进行变更。变更需经董事会审议通过。

上市公司对已通过股东大会审议的股权激励方案进行变更的，应当及时公告并提交股东大会审议，且不得出现导致加速行权或提前解除限售的情形或者降低行权价格或授予价格的情形。

独立董事、监事会应当就变更后的方案是否有利于上市公司的持续发展以及是否存在明显损害上市公司及全体股东利益的情形发表独立意见。律师事务所应当就变更后的方案是否符合《管理办法》及相关法律法规的规定、是否存在明显损害上市公司及全体股东利益的情形发表专业意见。

3. 终止股权激励计划

上市公司在股东大会审议股权激励计划之前拟终止实施股权激励的，需经董事会审议通过。

上市公司在股东大会审议通过股权激励计划之后终止实施股权激励的，应当由股东大会审议决定。

律师事务所应当就上市公司终止实施激励是否符合《管理办法》及相关法律法规的规定、是否存在明显损害上市公司及全体股东利益的情形发表专业意见。

上市公司股东大会或董事会审议通过终止实施股权激励计划决议，或者股东大会审议未通过股权激励计划的，自决议公告之日起 3 个月内，上市公司不得再次审议股权激励计划。

4. 调整股权激励计划

因标的股票除权、除息或者其他原因需要调整权益价格或者数量的，上市公司董事会应当按照股权激励计划规定的原则、方式和程序进行调整。

律师事务所应当就上述调整是否符合《管理办法》、公司章程的规定和股权激励计划的安排出具专业意见。

5. 股权激励的获益及注销

激励对象在第一类限制性股票解除限售、第二类限制性股票确定归属、股票期权行使权益前,董事会应当就股权激励计划设定的激励对象行使权益的条件是否成就进行审议,独立董事及监事会应当同时发表明确意见。律师事务所应当对激励对象行使权益的条件是否成就出具法律意见。达到获益条件的方可实施获益安排。

未达到获益条件的,需要对当期的第一类限制性股票解除限售、第二类限制性股票、股票期权进行回购或注销。另外,当出现终止实施股权激励计划的情形或激励对象未达到解除限售条件的,上市公司应当回购尚未解除限售的限制性股票,并按照《公司法》的规定进行处理;当出现属于上市公司负面清单或激励对象负面清单情形的,回购价格不得高于授予价格;出现其他情形的,回购价格不得高于授予价格加上银行同期存款利息之和。

上市公司应当在触发股权激励股份回购情形出现后及时召开董事会审议回购股份方案,并依法将回购股份方案提交股东大会批准。回购股份方案包括但不限于以下内容:

回购股份的原因;

回购股份的价格及定价依据;

拟回购股份的种类、数量及占股权激励计划所涉及的标的股票的比例、占总股本的比例;

拟用于回购的资金总额及资金来源;

回购后公司股本结构的变动情况及对公司业绩的影响。

律师事务所应当就回购股份方案是否符合法律、行政法规、监管办法及指引的规定和股权激励计划的安排出具专业意见。

(四)股权激励计划流程

根据本节股权激励实施程序,本书建议在借鉴第五章股权激励计划评估内容经过预估确定股权激励计划方案后,以限制性股票激励计划为例(股票期权、第二类限制性股票激励计划与之相同)按照如下流程实施(见

表 3.19）：

表 3.19　　　　　　　股权激励的时间及流程安排

时间	主体	事　项
T 日前	薪酬委员会 （拟定）	1. 20××年限制性股票激励计划（草案） 2. 20××年限制性股票激励计划实施考核管理办法
T 日	董事会 （审议）	1. 20××年限制性股票激励计划（草案） 2. 20××年限制性股票激励计划（草案）摘要 3. 20××年限制性股票激励计划实施考核管理办法 4. 关于提请股东大会授权董事会办理公司 2018 年限制性股票激励计划相关事宜的议案 5. 关于召开 20××年第×次临时股东大会的通知
	监事会	第×届监事会第××次会议决议公告
	独立董事	1. 独立董事对董事会相关事项的独立意见 2. 独立董事公开征集委托投票权报告书
	公司	1. 20××年限制性股票激励计划首次授予激励对象名单 2. 上市公司股权激励计划自查表
	中介机构	1. ××××顾问关于公司 20××年限制性股票激励计划（草案）之独立财务顾问报告 2. ××××律师事务所关于公司 20××年限制性股票激励计划之法律意见书
T+11 日	监事会	监事会关于 20××年限制性股票激励计划首次授予激励对象名单的审核意见及公示情况说明
T+16 日	股东大会	1. 20××年第×次临时股东大会决议公告 2. 20××年第×次临时股东大会的法律意见书
N 日	董事会 （次日公告）	1. 第×届董事会×次会议决议公告 2. 关于向激励对象首次授予限制性股票的公告 3. 独立董事对第×届第×次董事会相关事项的独立意见 4. 关于 20××年限制性股票激励计划内幕信息知情人及首次授予激励对象买卖公司股票情况自查报告
	监事会	第×届监事会第×次会议决议公告
	中介机构	1. ××××顾问公司关于公司 20××年限制性股票激励计划首次授予事项之独立财务顾问报告（如需） 2. ××××律师事务所关于公司向激励对象授予限制性股票相关事项的法律意见书
	公司	与激励对象签署股权激励协议
N+7 日	激励对象	该日前完成认缴股款缴纳

续表

时间	主体	事　项
	中介机构	会计师事务所完成认缴股款的验资并出具验资报告
	公司	向证券交易所和中国证券登记结算有限公司办理股权激励授予完成登记工作
N+15日	公司	关于20××年限制性股票激励计划首次授予登记完成的公告
N+16日	公司	限制性股票上市日期

公司股票激励计划首次授予激励对象名单应当公示不低于10天，建议于股权激励计划草案一并公示。监事会关于股票激励计划首次授予激励对象名单的审核意见及公示情况说明需要股东大会召开5日前公告。

第四章

激励型员工持股计划

员工持股计划从是否增加杠杆角度可以分为结构性和平层员工持股计划,过高的结构性杠杆容易将权益激励推向短期博弈,不属于本书的讨论范围。大股东进行兜底的员工持股计划,不利于股东和管理层利益一致,甚至在下跌过程中容易成为博弈方,且该种方式可以通过其他权益激励工具的组合来实现替代,不属于本书推荐和讨论的范围。

本章主要阐述激励型员工持股计划,当前实务中主要形态为上市将回购股份折价转让予激励对象持有的员工持股计划。

一、上市公司回购股份

上市公司股份回购是国际通行的公司实施并购重组、优化治理结构、稳定股价的必要手段,已是资本市场的一项基础性制度安排。上市公司回购股份是上市公司进行市值管理的重要工具之一,能够提升公司市值管理的灵活性和针对性,是保护和提升上市公司利益的重要工具。

上市公司回购股份是指上市公司以现金向特定对象或不特定对象回购公司已发行股份的行为[①](见图 4.1)。

---

① 本书不对上市公司回购股份展开全面讨论,只对用作上市公司权益激励相关的内容进行介绍。

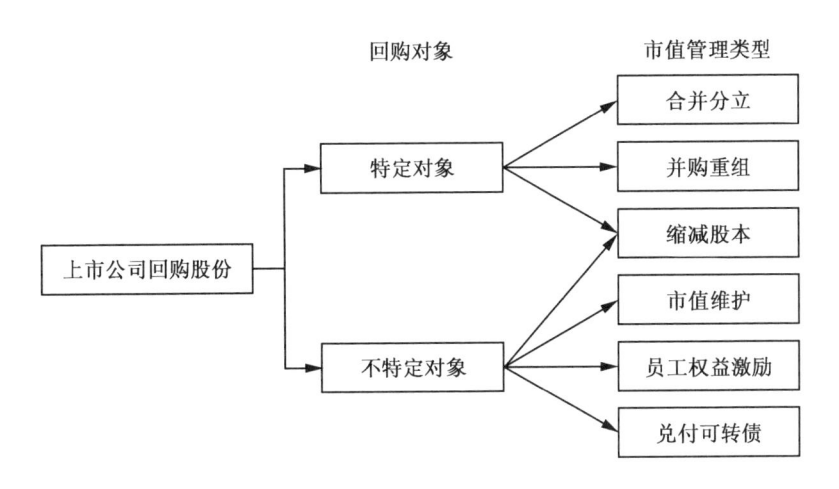

图 4.1 股份回购分类

(一)上市公司回购股份用于权益激励的情形

根据《公司法》及证监会《关于支持上市公司回购股份的意见》和上海证券交易所、深圳证券交易所《上市公司回购股份实施细则》等相关规定,上市公司以减少公司注册资本为目的的股份回购应当自收购之日起10日内注销;与持有本公司股份的其他公司合并或股东因对股东大会作出的公司合并、分立决议持异议而要求公司收购其股份为目的的回购,应当在自收购后6个月内转让或者注销。然而,上市公司出于以下目的的股份回购,上市公司合计持有的本公司股份数最高可达上市公司已发行股份总额的10%,可以在三年内转让或者注销:

- 将股份用于员工持股计划或者股权激励;
- 将股份用于转换上市公司发行的可转换为股票的公司债券;
- 上市公司为维护公司价值及股东权益所必需。

因此,从回购股份的时间、数量、灵活性方面考虑,上市公司于启动股份回购拟用于股权激励或员工持股时,优先以市值维护为目的,其次直接以股权激励为目的。上市公司为维护公司价值及股东权益所必需是指触发上市公司股价低于其每股净资产,或者20个交易日内股价跌幅累计达到30%的情形。

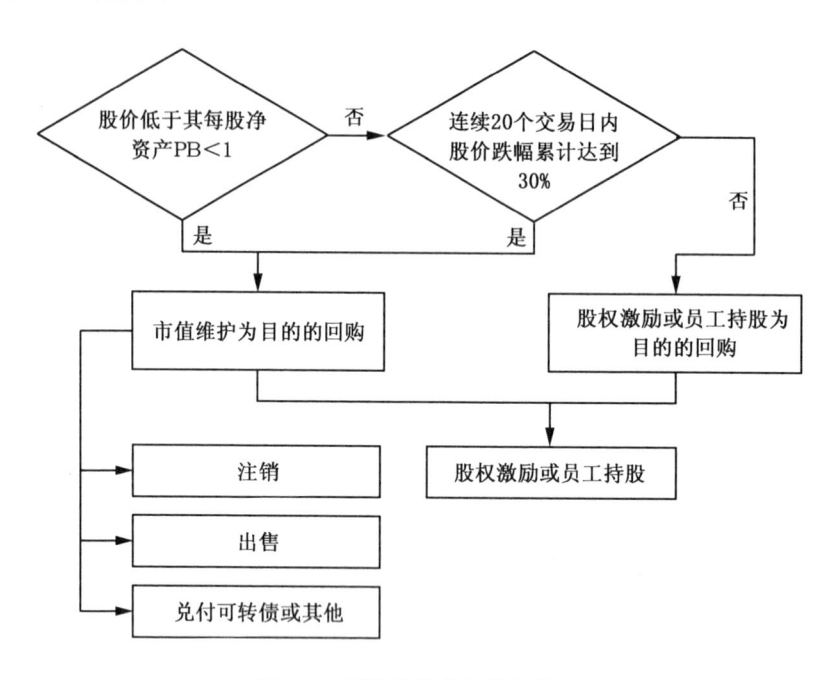

图4.2 回购股份的目的及用途

上市公司出于市值维护为目的的股份回购时，回购股份用途建议应当将股权激励、员工持股、出售、注销或兑付可转债等（如有）全部列明。

（二）上市公司回购股份的资金来源

上市公司董事会应当充分关注公司的资金状况、债务履行能力和持续经营能力，审慎制定、实施回购股份方案，回购股份的数量和资金规模应当与公司的实际财务状况相匹配。上市公司可以使用下列资金回购股份：

自有资金；

发行优先股、债券募集的资金；

发行普通股取得的超募资金、募投项目结余资金和已依法变更为永久补充流动资金的募集资金；

金融机构借款；

其他合法资金。

上市公司以现金为对价,采用要约方式、集中竞价方式回购股份的,视同上市公司现金分红,可以纳入现金分红的相关比例计算。上市公司实施股份回购后申请再融资,融资规模不超过最近12个月股份回购总金额10倍的,本次再融资发行股票的董事会决议日距前次募集资金到位日不受融资间隔期的限制,监管部门审核中对此类再融资申请给予优先支持。股东大会授权董事会实施股份回购的,可以依法一并授权董事会实施再融资。上市公司实施股份回购的,可以同时申请发行可转换公司债券,募集时间由上市公司按照有关规定予以确定。

二、员工持股计划

根据证监会〔2014〕33号公告《关于上市公司实施员工持股计划试点的指导意见》,员工持股计划是指上市公司根据员工意愿,通过合法方式使员工获得本公司股票并长期持有,股份权益按约定分配给员工的制度安排。上市公司实施员工持股计划应当遵循公司自主决定,员工自愿参加,上市公司不得以摊派、强行分配等方式强制员工参加公司的员工持股计划。

(一)员工持股计划实施条件

上市公司员工持股计划非常灵活,不存在限制实施员工持股计划的实施条件。上市公司实施员工持股计划应当采用资产管理计划、信托资金计划的形式。

在资管新规实施之前,可以通过优先劣后的结构化设计增加员工持股计划的杠杆比例,单独实施也具有明显的短期激励效果。而资管新规实施之后,由于不具有杠杆作用,员工持股可以与公司股份回购合并实施。

(二)员工持股计划实施对象

员工持股计划的参加对象较股权激励更加灵活,除法律禁止特定行业公司员工或特定人员持有、买卖股票的,其他人员均可以参加。

上市公司利益相关人也可以通过各种资金计划持有上市公司股份。本书主要讨论以上市公司员工为对象的员工持股计划。上市公司的职工监事也可以参与员工持股计划,员工监事通常是由上市公司核心骨干员工担任,并具有一定的影响力,员工持股计划能够解决股权激励计划监事不能参与股权激励的问题。

表 4.1　　　　　　　　　激励对象匹配的激励工具

激励对象	股权激励	员工持股计划
董事、高级管理人员	√	√
独立董事		
监事		√
中层人员、核心骨干、优秀人才及其他认定员工	√	√
普通员工		√

(三)员工持股计划股份来源

员工持股计划可以通过员工的合法薪酬以及法律、行政法规允许的其他方式解决员工持股计划所需资金。员工持股计划可以通过以下方式解决股票来源:

上市公司回购本公司股票;

二级市场购买;

认购非公开发行股票;

股东自愿赠与;

法律、行政法规允许的其他方式。

由于目前资金计划已经普遍不能适用优先劣后的结构化设计,直接以二级市场购买股份作为员工持股计划来源,囿于锁定期和集合化的存在,导致员工持股计划劣于员工自行二级市场增持的方式;根据上市公司非公开发行股票管理办法,非公开发行的发行价应当不低于发行期首日的80%[①],导致员工持股计划劣于限制性股票和第二类限制性股票;股东自愿

[①] 上市非公开发行股份以询价方式发行的发行价不低于发行期首日的 80%,锁定期不低于 6 个月;以定价方式发行的发行价不低于董事会决策日价格的 80%,锁定期不低于 18 个月;科创板和创业板上市公司为 70%。

赠与股份,通常为公司大股东或者其他重要股东无偿赠与,本书认为是员工持股计划的股份来源方式之一,但是该方式容易扭曲公司和股东、重要股东和全体股东的利益关系,不应该作为上市公司实施员工持股主要的或常用的股份来源。本书认为以上市公司回购股份作为员工持股计划股份来源既能够激励员工同时又能够回报全体股东,应当成为员工持股计划的主要来源。

上市公司全部有效的员工持股计划所持有的股票总数累计不得超过公司股本总额的10%,单个员工所获股份权益对应的股票总数累计不得超过公司股本总额的1%。

(四)员工持股计划的锁定期

上市公司每期员工持股计划的持股期限不得低于12个月,以非公开发行方式实施员工持股计划的,持股期限不得低于36个月,自上市公司公告标的股票过户至本期持股计划名下时起算;上市公司应当在员工持股计划届满前6个月公告到期计划持有的股票数量。

以回购股份作为股份来源的员工持股计划锁定期不低于12个月,相较于限制性股票、股票期权、第二类限制性股票计划前12个月解锁比例不超过50%的限制,员工持股更加灵活精准。

表4.2　　　　　　　　权益激励工具的期限

	股权激励计划	员工持股计划
有效期/存续期	通常不低于48个月,不超过10年	通常不低于24个月
锁定期	分期解锁或行权,第一期不低于12个月,第二期不低于24个月	不低于12个月
解锁比例	任何一期解锁或行权比例均不超过50%	无限制

例4.1:甲上市公司实施第一期股权激励计划后,考虑到职工监事王某为公司新产品技术负责人、职工监事李某为公司人事负责人,两人均未纳入限制性股票激励计划,第一期股权激励计划后公司股价仍处于低位盘整,公司新产品研发正处于技术攻坚阶段。公司拟以"回购股份+员工持股计划"的方式,向王某、李某以及

新产品的其他主要技术人员实施员工持股计划。考虑到限制性股票已经授予近半年，同时为激励研发进度，本次员工持股计划存续期24个月，于12个月、24个月公司分别解锁50%、50%。公司以1 824万元共计回购200万股，折合回购均价9.12元/股，上述股份全部以4.66元/股的价格转让于员工持股计划。

（五）员工持股计划的管理

员工持股计划通常为信托产品或契约式产品，需要有管理人。上市公司自行管理本公司员工持股计划的，应当明确持股计划的管理方，制定相应的管理规则，切实维护员工持股计划持有人的合法权益，避免产生上市公司其他股东与员工持股计划持有人之间潜在的利益冲突。

上市公司可以自行管理本公司的员工持股计划，也可以将本公司员工持股计划委托给信托公司、保险资产管理公司、证券公司、基金管理公司以及其他具有资产管理资质的机构管理。

员工持股计划管理机构应当以员工持股计划的名义开立证券交易账户。员工持股计划持有的股票、资金为委托财产，员工持股计划管理机构不得将委托财产归入其固有财产。员工持股计划管理机构因依法解散、被依法撤销或者被依法宣告破产等原因进行清算的，委托财产不属于其清算财产。

（六）员工持股计划的激励费用

员工持股计划于转让日获得上市公司股票，所以上市公司通过将回购股份转让予员工持股计划实施股权激励确认激励费用方式与第一类限制性股票的方式一致。具体计算和分摊方式请参考第一类限制性股票。

每份股票类激励的股份支付费用＝转让日每股公允价值－转让价格

上市公司确认的员工持股计划的激励费用确认方式与第一类限制性股票一致，不受回购价格的影响。

例4.2：丁上市公司实施股份回购，上市公司合计回购股份850万股，回购价格19.50元/股，共动用资金16 575万元。丁上市公司拟将回购作为股份来源实施员工持股计划，于T日按照0元的价格将回购股份非交易性过户至员工持股计划，并于T＋1日收到《证券过户登记确认书》，T日公司股票收盘价为15.20元/股，T＋1日公司股票收盘价为15.50元/股。员工持股计划分三期于12个月、24个月、36

个月后解锁，解锁比例分别为30%、30%、40%。则丁上市公司本次员工持股计划费用为850×（15.20-0）=12 920（万元）。其中，第三期费用=12 920×40%÷3=1 723（万元）；第二期费用=第三期费用+12 920×30%÷2=3 660（万元）；第一期费用=第二期费用+12 920×30%=7 537（万元）。具体费用情况见表4.3：

表4.3　　　　　　　　J上市公司具体费用情况

员工持股计划赠予数量（万股）	需摊销的总费用（万元）	第一年（万元）	第二年（万元）	第三年（万元）
850.00	12 920.00	7 537.00	3 660.00	1 723.00

（七）员工持股计划实施程序

上市公司实施员工持股计划流程与股权激励基本相同。上市公司实施员工持股计划前，应当通过职工代表大会等组织充分征求员工意见。上市公司董事会下设的薪酬与考核委员会根据员工意见，负责拟订员工持股计划草案。

1. 上市公司董事会审议员工持股计划草案并提交股东大会表决，员工持股计划草案至少应包含如下内容：

员工持股计划的参加对象及确定标准、资金、股票来源；员工持股计划的存续期限、管理模式、持有人会议的召集及表决程序；公司融资时员工持股计划的参与方式；员工持股计划的变更、终止，员工发生不适合参加持股计划情况时所持股份权益的处置办法；员工持股计划持有人代表或机构的选任程序；员工持股计划管理机构的选任、管理协议的主要条款、管理费用的计提及支付方式；员工持股计划期满后员工所持有股份的处置办法；其他重要事项。

非金融类国有控股上市公司实施员工持股计划应当符合相关国有资产监督管理机构关于混合所有制企业员工持股的有关要求。

金融类国有控股上市公司实施员工持股计划应当符合财政部关于金融类国有控股上市公司员工持股的规定。

2. 独立董事和监事会应当就员工持股计划是否有利于上市公司的持续

发展,是否损害上市公司及全体股东利益,公司是否以摊派、强行分配等方式强制员工参加本公司持股计划发表意见。上市公司应当在董事会审议通过员工持股计划草案后的2个交易日内,公告董事会决议、员工持股计划草案摘要、独立董事及监事会意见及与资产管理机构签订的资产管理协议。

3. 上市公司应当聘请律师事务所对员工持股计划出具法律意见书,并在召开关于审议员工持股计划的股东大会前公告法律意见书。员工持股计划拟选任的资产管理机构为公司股东或股东关联方的,相关主体应当在股东大会表决时回避;员工持股计划涉及相关董事、股东的,相关董事、股东应当回避表决;公司股东大会对员工持股计划作出决议的,应当经出席会议的股东所持表决权的半数以上通过。

4. 股东大会审议通过员工持股计划后2个交易日内,上市公司应当披露员工持股计划的主要条款。

5. 采取二级市场购买方式实施员工持股计划的,员工持股计划管理机构应当在股东大会审议通过员工持股计划后6个月内,根据员工持股计划的安排,完成标的股票的购买。上市公司应当每月公告一次购买股票的时间、数量、价格、方式等具体情况。

上市公司实施员工持股计划的,在完成标的股票的购买或将标的股票过户至员工持股计划名下的2个交易日内,以临时公告的形式披露获得标的股票的时间、数量等情况。

6. 员工因参加员工持股计划,其股份权益发生变动,依据法律应当履行相应义务的,应当依据法律履行;员工持股计划持有公司股票达到公司已发行股份总数的5%时,应当依据《上市公司收购管理办法》规定履行相应义务。

7. 上市公司至少应当在定期报告中披露报告期内下列员工持股计划实施情况:报告期内持股员工的范围、人数;实施员工持股计划的资金来源;报告期内员工持股计划持有的股票总额及占上市公司股本总额的比例;因员工持股计划持有人处分权利引起的计划股份权益变动情况;资产管理机构的变更情况;其他应当予以披露的事项。

第五章

权益激励计划评价

目前对权益激励的效果尚无通用或公认的评价体系,这既与权益激励目的的多样性有关,也与权益激励效果评价的复杂性有关。从科学的市值管理和权益激励的角度出发,权益激励应当具有明确可量化的评价指标。在建立合适的评价体系后,上市公司能够有助于确定权益激励的目标、权益激励的规模、激励的力度、评价激励的效果。

本书在此结合实务经验提出杠杆评价体系,[①]即从上市公司和员工两个维度评价权益激励计划的激励效果,并可以通过公司激励杠杆 LC 和员工激励杠杆 LS 帮助公司决策权益激励的推出时机、授予价格、激励数量。本书认为,权益激励作为上市公司常态市值管理工具之一,应当依据评价体系并借鉴相应的管理学模型对授予时的激励效果和行权时的激励效果进行跟踪评价并持续改进。

为下文表述方便,本书在此做以下定义:

S:未来累计激励总额,即权益激励存续期内激励股份的未来行权时

[①] 本书及本章的相关评价指标默认采用第三章和第四章中权益激励工具的定价原则。上市公司实施权益激励可以采用自主定价的方式,上市公司可以将本章的定价原则进行更改,这并不影响本章权益激励计划的评价的方法。本书建议上市公司设定较为稳定的权益工具定价原则。

市值与激励对象接受激励付出成本的差额。[1]

S_G:授予日市场价格与行权价格差异而产生的激励额,即授予数量与(P_G-P_X)之积。

C:公司管理费用确认额,即按照会计准则股份支付确认的会计费用金额。

β:收益杠杆,即未来行权收益与即时行权收益之比值,$\beta=\dfrac{P_T-P_X}{P_G-P_X}$。

P_T:最早行权日后行权期间行权日股票市场价格。

P_G:授予日股票市场价格。

P_N:股权激励草案公布日前一日即董事会决策日股票市场价格。

P_X:股权激励草案董事会决策日确定的未来行权价格。

M:行权成本,即授予激励股份的数量与行权价之积。

R:员工激励期内收入总和。

一、公司激励杠杆 LC

(一)公司激励杠杆

本书定义公司激励杠杆(Leverage of Company in Equity Incentive)为:

$$LC=S/C=\dfrac{未来累计激励总额}{公司管理费用确认额}$$

LC 指标反映的是公司实施权益激励的价值。LC 越大,说明权益激励的价值放大程度越大,对公司越有利。当 $LC\leqslant 1$ 时,意味着从公司损益的角度看,公司采用权益激励的效果达不到采用现金形式的薪酬激励效果,此时公司应当考虑现金形式奖励或激励是否更加合适,或是公司应当考虑市值战略和公司发展战略以切实提升未来累计激励金额 S;当 $LC>1$

---

[1] 默认不考虑社保费用或者为激励对象的社保按照封顶缴纳,如出现激励对象未按封顶缴纳的,归属于公司部分的应交差额应当予以扣除。上市公司可以通过估值比较、模型计算、分析师一致预期等多种方式估算未来预期股价。

时,意味着员工所获激励的总额是超过公司费用支出的,即公司以较少的激励费用获得了较多的激励价值①。

例 5.1:甲上市公司实施限制性股票形式的第一期股权激励(沿用例 3.14),共计授出 750 万份,授予日股价为 9.30 元/股,行权价格为 4.66 元/股,分三期于 12 个月、24 个月、36 个月后解锁,解锁比例分别为 30%、30%、40%。公司预期新能源产品于 2 年内上市,对公司业绩和估值均有提升,预期未来三年股价可以达到 10 元/股、25 元/股、40 元/股。 $S = 750 \times [(10-4.66) \times 30\% + (25-4.66) \times 30\% + (40-4.66) \times 40\%] = 16\,380$(万元),$C = 3\,480$ 万元,$LC = S/C = 4.71$。

例 5.2:丙上市公司实施股票期权激励计划(沿用例 3.16),于授予日向激励对象授出股份 1 200 万份,行权价格为 22.28 元/股,分别于 12 个月、24 个月、36 个月后解锁,解锁比例分别为 30%、30%、40%,授予日当日股票收盘价为 21.31 元/股。 丙上市公司预期随着未来药品集采公司原有仿制药产品毛利率将出现大幅下滑,但公司的创新药有望进入医保并获得大量采购,并且未来三年公司将新推出两款创新药,对公司业绩和估值均会有提升,预期未来三年股价可以达到 25 元/股、30 元/股、40 元/股。 $S = 1\,200 \times [(25-22.28) \times 30\% + (30-22.28) \times 30\% + (40-22.28) \times 40\%] = 12\,264$(万元),$C = 3\,058.70$ 万元,$LC = S/C = 4.01$。

例 5.3:丙上市公司(沿用例 4.2、例 5.2)考虑是否将限制性股票计划作为替代股权激励方案。 如果丙上市公司于授予日向激励对象授出限制性股票 1 200 万股,行权价格为 11.14 元/股,解锁比例、预计授予日当日股票收盘价、未来三年股价预期同股票期权计划(例 3.8)。 $S = 1\,200 \times [(25-11.14) \times 30\% + (30-11.14) \times 30\% + (40-11.14) \times 40\% = 25\,632$(万元),$C = 1\,200 \times (21.31-11.14) = 12\,204$(万元),$LC = S/C = 2.10$。 丙上市公司在同等条件实施限制性股票激励计划获得的公司激励杠杆 LC 低于期权激励计划,从公司激励杠杆 LC 角度考虑,丙上市公司应当选择股票期权激励计划。②

本书及案例未将资本市场及行业波动纳入计算未来累计激励总额 S。

---

① 较少的激励费用是来自会计处理的影响。 减少的激励费用实际是由公司市场估值提升过程中其他股东承担的,就如同不断向激励对象进行着折价定增。

② 丙公司于 2015 年上市,丙公司采用交易所指数的年化波动率计算期权价值将低于以自身或行业指数的年化波动率计算的期权价值,丙公司确认的激励费用 C 偏低,导致 LC 指标失真。 上市公司应当合理选择模型参数。

我们认为管理层在获得激励权益工具后,如果将股票未来涨幅看作宏观及市场因素 M、行业因素 I、公司业务估值水平 V 和公司业绩 N 共同作用的结果,公司业务估值水平 V 和公司业绩 N 是上市公司管理层不断努力的结果,属于激励影响的因素,而公司管理层难以影响市场资金面、行业景气度以及板块轮动等市场因素 M 和行业因素 I 方面,属于管理层所持权益工具的投资结果或者财富管理结果,也即如果管理层不作为,买入公司股票后也会受到市场因素 M 和行业因素 I 同样的影响。因此,本书计算未来累计激励总额 S 时,考虑公司业务估值水平 V 和公司业绩 N 的作用,不考虑市场因素 M、行业因素 I 的作用。当上市公司进行跨行业并购、介入新行业时,应当考虑行业因素 I 对公司业务估值水平 V 的影响,比如 2015 年、2016 年的跨行业并购浪潮。

(二)公司激励即期杠杆 LC_G

本书定义公司激励即期杠杆为:

$$LC_G = S_G/C = \frac{授予日激励额}{公司管理费用确认额}$$

公司激励即期杠杆 LC_G 反映公司权益激励的择时性。[①] 公司激励杠杆 LC 与公司激励即期杠杆 LC_G 存在以下关系:

$$LS = LC_G \times \beta$$

例 5.1 中,$S_G = 750 \times (9.30 - 4.66) = 3\,480(万元)$,$C = 3\,480(万元)$,$LC_G = S_G/C = 1.00$;

例 5.2 中,$S_G = 1\,200 \times (21.31 - 22.28) = -1\,164(万元)$,$C = 3\,058.70(万元)$,$LC_G = S_G/C = -0.38$;

例 3.16 中,$S_G = 6\,808.52 \times (54.79 - 20.00) = 236\,868.41(万元)$,$C = 245\,208.85(万元)$,$LC_G = S_G/C = 0.96$。

如果 $LC_G > 1$,说明于授予日不考虑期权时间价值时激励的效果已经大于公司的账面会计费用,权益激励择时性较好。通常有两种原因会提升

[①] $LC = LC_G \times \beta$,LC_G 反映公司股权激励的择时性,β 反映未来股价上涨带来的投资收益增幅。

LC_G：一是公司股价总体平稳，筹划及实施权益激励时股价稳健上升；二是公司股价波动率较低，尤其是筹划及公布权益激励草案前后，至授予日前股价未出现大幅波动，有效控制了期权费用。公司应当把握好实施节奏，适度追求较高的 LC_G。[①]

如果 $LC_G<1$，说明于授予日不考虑期权时间价值时激励的效果小于公司的账面会计费用。为实现公司激励杠杆 $LC>1$，公司应当付诸努力以使未来行权时股价上涨，即 $\beta>1$。尽管权益激励是针对长期的激励措施，但是短期的效果会影响到公司和激励对象的心态和参与程度。

根据期权定价的相关理论和方法，以及股份支付的费用确认，理论上公司股价平稳时 LC_G 应当略小于但接近 1.0，然而在实务操作中，因为公司股价的波动性而导致过去公司股性（波动率）、20日均价以及公司股价不同，LC_G 不同，所以公司管理层需要决策何时推出权益激励方案，尤其是二级市场股价位于何种走势通道中，激励对象则需要决策是否在该种通道中参与；有时候，公司股价处于下降通道或者振幅很小且交易量萎缩的情况，如果在该种情况下公司拟推出权益激励方案则公司一定要有更为全面的考量。

二、员工激励杠杆 LS

本书定义员工激励杠杆（Leverage of Staff in Equity Incentive）为：

$$LS=S/M=\frac{未来累计激励总额}{员工行权成本}$$

员工激励杠杆为激励总额与员工行权成本的比值，反映了员工总的收益率，员工参与权益激励的目的在于最大化 LS。通常情况下需 $LS>1$，否则员工不会愿意行权。而这种因股价导致不行权或者不能行权的情况，根据会计准则将被认定为市场条件所致，不会影响上市公司会计费用的确认，即上市公司确认了费用却未获得激励。这种情况是应该尽最大努力避

[①] 实务中，公司与激励对象总体一致，但是在董事会日至授予日，两者会因不同的心理诉求而产生博弈，所以公司很难最大化 LC_G，只能于平衡中寻求较高的 LC_G。

免的，否则，就股票期权而言，员工会放弃行权；就限制性股票而言，此前激励的热情则会转化成怠工甚至更坏的情况（如递延确认收入、不当盈余管理），触发非市场的行权限制条件（如营收增长、利润增长目标），从而使公司回购激励股份并注销以达到不行权目的。

例 5.4：甲上市公司实施限制性股票形式的第一期股权激励（沿用例 3.14、例 5.1），共计授出 750 万份，授予日股价为 9.30 元/股，行权价格为 4.66 元/股，分三期于 12 个月、24 个月、36 个月后解锁，解锁比例分别为 30%、30%、40%。公司预期新能源产品于 2 年内上市，对公司业绩和估值均有提升，预期未来三年股价可以达到 10 元/股、25 元/股、40 元/股。$S = 750 \times [(10-4.66) \times 30\% + (25-4.66) \times 30\% + (40-4.66) \times 40\%] = 16380$（万元），$M = 750 \times 4.66 = 3495$（万元），$LS = S/M = 4.68$。

例 5.5：丙上市公司实施股票期权激励计划（沿用例 3.16、例 5.2）。于授予日向激励对象授出股份 1 200 万份，行权价格为 22.28 元/股，分别于 12 个月、24 个月、36 个月后解锁，解锁比例分别为 30%、30%、40%，授予日当日股票收盘价为 21.31 元/股。预期未来三年股价可以达到 25 元/股、30 元/股、40 元/股。$S = 1200 \times [(25-22.28) \times 30\% + (30-22.28) \times 30\% + (40-22.28) \times 40\%] = 12264$（万元），$M = 1200 \times 22.28 = 26736$（万元），$LS = S/M = 0.46$。而如果丙公司采用第一类限制性股票激励计划或者第二类限制性股票激励计划，$S = 25632$ 万元，$M = 1200 \times 11.14 = 13368$（万元），$LS = S/M = 1.91$。从员工激励杠杆 LS 角度考虑，丙公司应当采用限制性股票激励计划，与例 5.3 的建议相反，同时如果采用限制性股票激励会加大公司激励费用，而采用股票期权则会加大员工的行权成本，这就是权益激励实务中公司与员工的博弈。

为进一步分析员工激励杠杆 LS，给出以下分解指标：

$$LS = LS_Q \times LS_R \times \beta$$

其中：$LS_Q = \dfrac{R}{M}$ 为员工激励的数量杠杆，是员工未来激励期内收入总和与员工激励行权成本的比值；$LS_R = \dfrac{S_G}{R}$ 为员工激励的薪酬杠杆，是授予日员工激励额与激励期内员工收入总和的比值。

（一）员工激励数量杠杆 LS_Q

$$LS_Q = \frac{R}{M} = \frac{激励期内员工收入总和}{员工行权成本}$$

该指标反映激励对象激励期间收入对权益激励的撬动作用。$LS_Q<1$ 时，激励对象收入不足以覆盖行权成本，未来可能导致行权困难或者激发激励对象借贷参与激励的情况。此时，表明激励对象行权成本过高或者收入相对较低。行权成本过高通常意味着权益激励推出的择时欠佳或者给予激励对象过多的激励额度，如果是因为公司激励对象收入水平低于目标行业水平导致的收入相对较低，则推出权益激励草案时需要考虑如何提高员工激励的薪酬杠杆 LS_R。$LS_Q>1$ 时，激励对象能够更有效地享受权益激励，激励的规模和推出时间也更为合适。

例 5.6：甲上市公司实施限制性股票形式的第一期股权激励（沿用例 3.14、例 5.1、例 5.4），甲上市公司当年度职工薪酬中工资、奖金、津贴和补贴合计 113 074 万元，其中激励对象薪酬为 16 960 万元，且公司预计未来三年激励对象现金薪酬适当增长，预计激励对象激励期薪酬总额 R = 55 972 万元，M = 750 × 4.66 = 3 495（万元），员工激励薪酬杠杆 $LS_Q = R/M = 16.01$。

例 5.7：丙上市公司实施股票期权激励计划（沿用例 3.16、例 5.2、例 5.5），丙上市公司当年度职工薪酬中工资、奖金、津贴和补贴合计 80 648 万元，其中激励对象薪酬为 16 130 万元，且公司预计未来三年激励对象现金薪酬不增长，激励期薪酬总额 R = 16 130 × 3 = 48 390（万元），M = 1 200 × 22.28 = 26 736（万元），丙公司本次股权激励员工激励数量杠杆 $LS_Q = R/M = 1.81$。

（二）员工激励薪酬杠杆 LS_R

$$LS_R = \frac{S_G}{R} = \frac{授予日激励额}{激励期内员工收入总和}$$

该指标反映授予日时，权益激励对激励对象的薪酬提升。$LS_R>0$ 时，存在激励对象能够可见的激励浮盈，更能够激励激励对象参与到权益激励中。而正是因为清晰可见，且实施权益激励公司需要制订考核制度对员工进行考核，这部分激励则与奖金类似，起到弥补、提升、激励员工薪酬（尤其是年薪制激励对象)的作用。

LS_R 指标越大,对员工参与激励的吸引力越大。实务中,该指标主要起到绑定员工的作用,即通过增加激励对象的收入提升员工的跳槽成本,起到留住激励对象的作用,对于激励对象当前收入不具有行业竞争力或低于行业薪酬目标分位数(如75%)的公司能起到较好作用。部分上市公司实施权益激励在确定激励对象股份分配时,通常会参考激励对象间的薪酬水平进行分配,实务操作中应结合公司战略规划进行调整。公司实务操作中,该指标也不应过大,应注重实施后与行业竞争力薪酬比较,即 LS_R 应不超过公司目标竞争力薪酬差与激励对象薪酬比值,超过部分可理解为短期福利的增加,①或者薪酬涨幅。

上市公司应该追求一个比较合理的总体 LS_R,并且随着被激励对象级别升高,激励对象的 LS_R 也应当升高。

例 5.8:甲上市公司实施限制性股票形式的第一期股权激励(沿用例 3.14、例 5.1、例 5.4、例 5.6),甲上市公司当年度职工薪酬中工资、奖金、津贴和补贴合计 113 074 万元,其中激励对象薪酬为 16 960 万元,且公司预计未来三年激励对象现金薪酬适当增长,预计激励对象激励期薪酬总额 R = 55 972 万元,授予日激励额 S_G = 750×(9.30−4.66)= 3 480(万元),甲上市公司员工激励薪酬杠杆 $LS_R = S_G/R$ = 0.06。

例 5.9:丙上市公司实施股票期权激励计划(沿用例 3.16、例 5.2、例 5.5、例 5.7)。丙上市公司激励对象激励期薪酬总额 R = 48 390 万元,授予日激励额 S_G = 1 200×(21.31 − 22.28) = −1 164(万元),员工激励薪酬杠杆 $LS_R = S_G/R$ = −0.02。

例 5.10:甲上市公司实施限制性股票形式的第一期股权激励(沿用例 3.14、例 5.1、例 5.4、例 5.6、例 5.8),甲上市公司当年度职工薪酬中工资、奖金、津贴和补贴等员工税前收入合计 113 074 万元,其中激励对象薪酬为 16 960 万元,且公司预计未来三年激励对象现金薪酬适当增长,预计激励对象激励期薪酬总额 R = 55 972 万元。经该公司市场调研,发现公司激励对象的薪酬水平处于拟进入市场的 75% 分

---

① 本书认为激励和福利对于员工具有不同的作用。

位数,公司拟调整至80%分位数(对应未来三年薪酬总额达到61 000万元)以提升公司就业吸引力,但公司考虑到直接提高工资等现金薪酬的话公司压力过大,同时也缺乏灵活性,在假设权益激励方案日至授权日股价变化不大的情况下,公司考虑通过员工激励薪酬杠杆 LS_R 来提升激励对象基础薪酬,随即设定 LS_R =(61 000 - 55 972)/55 972 = 0.09,为此公司将股权激励股份数量由750万股提升至 LS_R × 55 972/(9.30 - 4.66) = 1 084(万股)。

三、收益杠杆 β

本书定义未来行权收益与即时行权收益之比值为收益杠杆 β:

$$\beta = \frac{P_T - P_X}{P_G - P_X}$$

该指标是筹划权益激励方案时最为重要的指标因子,是行权时收益与授予时收益的比值,是公司激励杠杆 LC 和员工激励杠杆 LS 重要的敏感因子。β 取决于行权价、授予日价格、行权日价格三者之间的关系,这也是本书此前阐述的激励环节中最重要的三个环节为权益激励草案董事会决策日、授予日、行权日的重要原因。

$P_T - P_X$ 反映的是激励对象的行权收益,为有效实施权益激励,必定会是预期 $P_T > P_X$,否则就容易发生如前述"二、员工激励杠杆"中提及的激励对象不行权或者通过某种行为致使不行权的情形发生;所以 $P_G - P_X$ 反映的是授予日时激励对象的浮盈,公司在公布草案后应该努力做大 $P_G - P_X$,增加权益激励对激励对象的吸引力,即上市公司应该通过恰当的择时和行为组合尽量达到 $P_T > P_G > P_X$。

上市公司最终谋求公司激励杠杆 LC 和员工激励杠杆 LS 两者平衡下的最大化,而 β 值与公司激励即期杠杆 LC_G 和员工薪酬杠杆 LS_R 均受分母端 $P_G - P_X$ 的影响,且方向相反。故上市公司应该努力做大分子端来提升 β,而不应过度地谋求降低分母端。但是,实务中不同的授予日会产生不同的值,应该通过模拟测算选择较好的 β 拐点作为授予日。

例 5.11:甲上市公司实施限制性股票形式的第一期股权激励(沿用例3.14、例

5.1、例 5.4、例 5.6、例 5.8）。 激励计划草案确定的授予价格为 4.66 元/股，分三期于 12 个月、24 个月、36 个月后解锁，解锁比例分别为 30%、30%、40%。 授予日当日股票均价为 9.32 元/股、收盘价为 9.30 元/股。 公司预期经过海外市场拓展以及新能源产品于 2 年内上市，对公司业绩和估值均有提升，预期未来三年股价可以达到 10 元/股、25 元/股、40 元/股。 则甲上市公司本次股权激励 $P_X=4.66$ 元，$P_G=9.30$ 元，预期股价均值 $P_T=10×30\%+25×30\%+40×40\%=26.50$（元），董事会确定授予日时股价 $P_G=30$ 元，则 $\beta=(P_T-P_X)/(P_G-P_X)=(26.50-4.66)/(9.30-4.66)=4.71$。

四、实施期间股价稳定的重要性

通过以上指标 LC、LC_G、LS_R、β 可以看出，在董事会权益激励计划推出至授予日期间[①]，如果二级市场股价越稳定，股价波动率较低，公司确认的激励费用较低，而 LC_G、LS_R、β 都会较高，最终获得的 LC、LS 均会较高。而 LS 将保持不变。

例 5.12：甲上市公司实施限制性股票形式的第一期股权激励（沿用例 3.14、例 5.1、例 5.4、例 5.6、例 5.8、例 5.11）。 激励计划草案公告后股价平稳（见表 5.11），各项评价指标计算如例 3.14、例 5.1、例 5.4、例 5.6、例 5.8、例 5.11。 考虑另外一种情况，由于公司内外部原因，市场对股权激励方案较为看好，股权激励草案公布后，股价波动较多，授予日股价涨幅约 20%，达到 11.28 元/股，经过测算，未来累计激励总额 S 不变（$S=16\,380$ 万元）、员工行权成本 M 不变（$M=3\,495$ 万元）、预计激励对象激励期薪酬总额（$R=55\,972$ 万元）不变，公司激励费用确认额 $C=750×(11.28-4.66)=4\,965$（万元），授予日激励额 $S_G=750×(11.28-4.66)=4\,965$（万元），公司激励杠杆 $LC=S/C=3.30$、员工激励杠杆 LS 不变，公司激励即期杠杆 $LC_G=S_G/C=1.00$，员工激励数量杠杆 LS_Q 不变，员工激励薪酬杠杆 $LS_R=S_G/R=0.09$，收益杠杆 $\beta=(26.50-4.66)/(11.28-4.66)=3.30$。

股价波动较多时，激励对象员工激励杠杆 LS 不变，意味着短期股价

[①] 股权激励草案公告至股东大会通过再至董事会授予激励对象股份或期权通常需要近 1 个月左右。

上涨并不会增加员工的激励效用。员工激励薪酬杠杆 LS_R 提升,收益杠杆 β 降低,意味着未来的激励效果较股价平稳时更低,也意味着部分未来的激励转变成了当前的薪酬福利提升。而对于甲上市公司因为波动率提升导致期权价值升高从而公司确认的激励费用增加最终将导致上市公司激励杠杆 LC 的下降,即公司层面的激励效用的下降。由于甲公司采用的是限制性股票,所以数量杠杆 LS_Q 和公司激励即期杠杆 LC_G 在计算值上没有变化,但是如果是股票期权或者第二类限制性股票,则股价波动导致 P_G-P_X 并不等于期权公允价值,使得数量杠杆 LS_Q 和公司激励即期杠杆 LC_G 在计算时有所不同(见表 5.1)。

表 5.1　　　　　　　　　草案前后股价对比

指标	草案前股价平稳	草案后股价上涨明显
LC	4.71	3.30↓
LS	4.68	4.68→
β	4.71	3.30↓
LC_G	1.00	1.00→
LS_Q	16.01	16.01→
LS_R	0.06	0.09↑

五、基于激励杠杆的效用最大化

设计权益激励的效用函数及目标是上市公司对权益激励实施目标管理的前提和重要抓手。通常公司可以直接使用公司激励杠杆 LC 和员工激励杠杆 LS 来判断是否达到满意的激励效果。公司应当首先追求较高的公司激励杠杆 LC 和员工激励杠杆 LS,尽可能高的收益杠杆 β,可以通过激励的数量、行权价等因素微调获得适合上市公司自身情况的员工数量杠杆 LS_Q 和员工激励薪酬杠杆 LS_R。即:

$$U=\max(LC-LC_{Target})$$

$$\text{s.t.} \begin{cases} LS \geqslant LS_{Target} \\ LS_Q \geqslant LS_{Q\,Target} \\ LS_{R\,TargetHigh} \geqslant LS_R \geqslant LS_{R\,TargetLow} \end{cases}$$

上市公司应当在员工激励杠杆 LS、员工激励数量杠杆 LS_Q 超过一定的目标值,员工激励薪酬杠杆 LS_R 处于一定区间时,追求公司激励杠杆 LC 超过目标值尽可能多。但是由于上市公司处于交易中,不可能寻找全局最优点,只能获得满意解,因此导致权益激励也是一个不断修正和改进的过程。

例 5.13:某上市公司考虑实施权益激励,该公司目前薪酬水平已经处于行业较高位置,为了提升激励效果,该公司拟定了如下目标追求 max($LC-2$),同时设定 $LS \geqslant 3$,$LS_Q \geqslant 3$ 的条件,即该上市公司在保证员工激励杠杆 LS 不低于 3 倍并且有相应的行权能力的前提下,追求公司激励杠杆最大化。

有时候会出现导致公司激励杠杆 LC 和员工激励杠杆 LS 数值差别过大的情况,以及上市公司追求多目标,如公司激励即期杠杆 LC_G、员工激励数量杠杆 LS_Q、员工激励薪酬杠杆 LS_R、收益杠杆 β 需要位于目标区间的情况,此时公司可以就需要而设定最大化目标,并调整权益激励的各项参数,来平衡各项指标,获得符合公司要求的权益激励方案。

例 5.14:某上市公司考虑实施权益激励,为了平衡公司和员工利益拟定了如下目标追求 max($0.5 \times LC + 0.5 \times LS$),同时设定 $LC > 2$,$LS > 2$,$LS_Q \geqslant 3$,且 $LS_R \geqslant 0.20$ 的条件,即该上市公司希望公司激励杠杆和员工激励杠杆均达到 2 倍以上,同时员工激励薪酬杠杆 LS_R 提升 20% 以变相提高员工薪酬,员工的收入能够覆盖行权成本的 3 倍以便员工具备较为容易行权的财务能力。

上市公司应该根据自身的具体情况,构建合理的权益激励效用函数。本书提出的杠杆激励评价体系和权益激励效用函数,适合通常情况下的上市公司的权益激励,但是对于特定公司的特定需求,应该构建适用的评价体系和效用函数。

六、关于权益激励的个人所得税影响

根据财政部、国家税务总局《关于个人所得税法修改后有关优惠政策衔接问题的通知》(财税〔2018〕164号)的规定:

居民个人取得股票期权、股票增值权、限制性股票、股权奖励等股权激励(以下简称股权激励),符合《财政部 国家税务总局关于个人股票期权所得征收个人所得税问题的通知》(财税〔2005〕35号)、《财政部 国家税务总局关于股票增值权所得和限制性股票所得征收个人所得税有关问题的通知》(财税〔2009〕5号)、《财政部 国家税务总局关于将国家自主创新示范区有关税收试点政策推广到全国范围实施的通知》(财税〔2015〕116号)第四条、《财政部 国家税务总局关于完善股权激励和技术入股有关所得税政策的通知》(财税〔2016〕101号)第四条第(一)项规定的相关条件的,在2021年12月31日前,不并入当年综合所得,全额单独适用综合所得税率表计算纳税。计算公式为:

应纳税额=股权激励收入×适用税率-速算扣除数

激励对象一个纳税年度内取得两次以上(含两次)股权激励的,应合并计算纳税。2022年1月1日之后的股权激励政策另行明确。

目前由于员工持股并不是直接授予激励对象,而是以非主体性的资管计划或者信托资金计划,目前就员工持股计划所得尚无明确的与纳税相关的制度。因此员工持股计划在激励收益上相对于股权激励计划具有税收优势。但是,实务操作中必须要先了解纳税地的具体要求,并向当地税务机关报备激励对象的扣税方案。

所得税会有效降低权益激励预期的未来累计激励总额 S,从而降低公司激励杠杆 LC 和员工激励杠杆 LS,因此在同等条件下,员工持股计划获得的激励杠杆会高于股权激励计划。实务中可以考虑税收对激励杠杆的影响,鉴于现金奖金也需要按照综合所得税率纳税,所以本书建议在权益激励设计阶段可以不考虑税收的影响,但是如果上市公司的激励对象处于不同的税率所在地(如海南自贸港等),则建议适当考虑税收的影响。

第六章

权益激励计划的筹划与实施

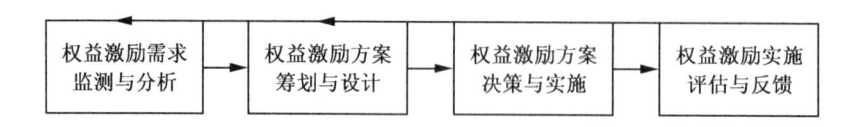

一、权益激励总体流程

权益激励总体流程包括权益激励需求监测与分析、权益激励方案筹划与设计、权益激励方案决策与实施、权益激励实施评估与反馈四个主要环节(图 6.1)。

图 6.1 权益激励总体流程

权益激励需求监测与分析:实时关注上市公司的市值运行情况和业务经营情况,监测并判断权益激励的需求情况。上市公司权益激励的需求主要来自两个方面:一是上市公司在经营发展中产生的需要或可以通过权益激励提升激励对象薪酬或增加对激励对象激励的情况;二是上市公司在市值管理过程中产生的可以与权益激励组合实施以解决市值管理诉求或同时解决权益激励的情况。

权益激励方案筹划与设计：根据产生权益激励的需求情况，确定激励对象、激励力度、权益工具来源、激励工具类型等，并根据权益激励的评价指标实时监测，明确并具体确定具体权益激励工具及主要参数情况，形成权益激励计划草案。

权益激励方案决策与实施：根据上市公司市值运行情况和经营需要，适时修正权益激励草案的部分参数，如授予价格等，择时推出权益激励方案并按照相关流程快速决策、择机实施。

权益激励实施评估与反馈：关注权益激励实施过程对解决权益激励需求的效果情况，分析差异产生的原因，分析预期因素和预期外因素、市场因素和非市场因素对差异的影响，对于差异过大的情况应当及时采取措施纠正，总结经验指导后续的权益激励计划。

二、权益激励需求监测与分析

在上市公司市值运行与经营发展过程中，通常会出现因需要对激励对象增加激励而产生权益激励需求和市值管理过程中产生的可以与权益激励组合以解决市值管理诉求或同时解决激励的权益激励需求。上市公司权益激励需求来源如图 6.2 所示。

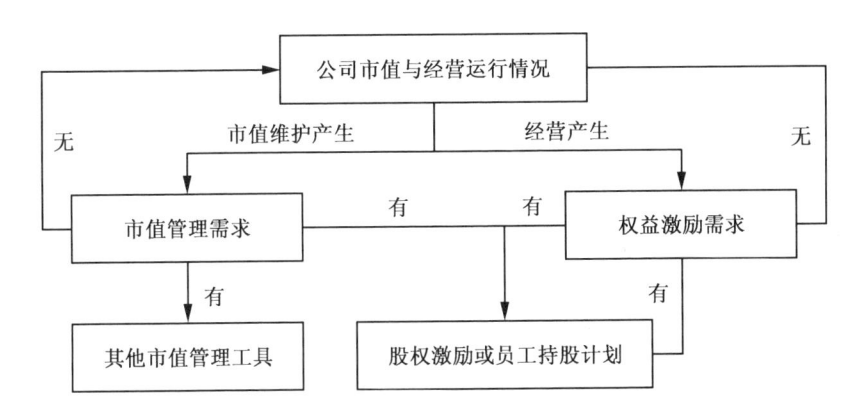

图 6.2 权益激励需求来源

(一)经营产生的权益激励需求

为吸引、留住、激励相关人员并发挥人员价值,上市公司在经营过程中会产生一定的权益激励需求。经营层面产生的权益激励需求可以考虑采用股权激励或员工持股计划,部分常见的权益激励需求如下:

1. 促使激励对象与股东利益一致。需要通过权益激励实现激励对象,尤其是董事、高级管理人员等决策层和管理层,与股东利益一致,这是最为常见的激励需求。

2. 提高基础薪酬体系。上市公司对于人才经常面临同行业的竞争和跨行业的吸引,目前普遍采用的是薪酬分位数体系。对于部分分位数较低的上市公司存在难以提升或者不希望提升基础薪酬的情况,通过权益激励的方式提升员工激励薪酬杠杆 LS_R 的方式,可以实现激励对象整体基础薪酬的提升,提升上市公司的人才竞争力。

3. 降低上市公司现金支付。以现金形式支付的激励通常会对上市公司产生较多的资金成本,而权益工具反而会增加上市公司的现金流入而只是以会计费用方式进行处理。同时,权益工具可以通过权益工具价值的增长实现激励效果的倍增,如上市公司净利润的增长和市盈率的增长共同提升激励的效果,尤其是上市公司在转型升级的过程中。

4. 改善激励的边际预期。前文阐述过,随着激励对象收入和激励的增长,激励效果会产生边际效用递减的情况。相对于现金激励,权益激励未来价值的不确定性和估值杠杆会促使激励对象发挥更多的主观能动性。

(二)市值维护中产生的权益激励需求

上市公司为促使激励对象与股东利益一致,使激励对象更加关注上市公司市值的长期增长,由此产生的权益激励需求要纳入经营产生的权益需求。这里,市值维护中产生的权益需求主要讨论上市公司在市值管理或维护过程中产生的回购股份的情况,而将回购股份作为权益激励工具来源的权益激励需求。部分常见的权益激励需求见图 6.3。

上市公司市值管理过程中产生的市值维护需求和其他需要会产生股份回购的需求,并且该回购股份可以用于或未来用于权益激励的常见情况

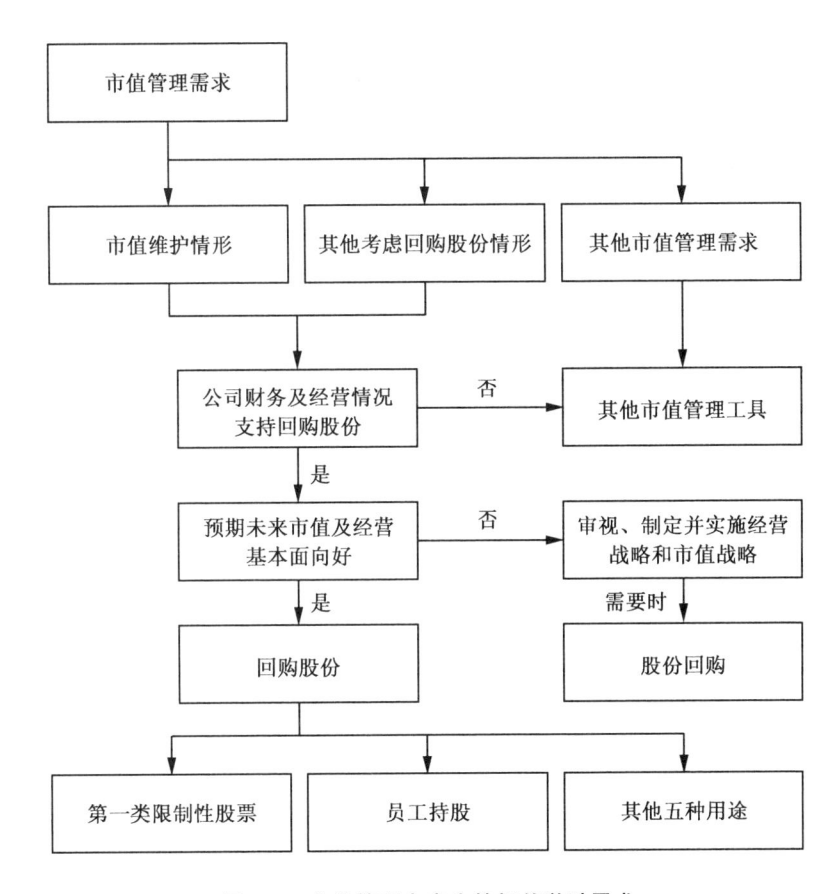

图 6.3 市值管理中产生的权益激励需求

如下：

1. 出现需要市值维护情况。这里市值维护情况主要指出现上市公司股价低于其每股净资产，或者 20 个交易日内股价跌幅累计达到 30% 的情况。上市公司为维护公司资本市场形象并保护股东利益，而实施股份回购。

2. 股东质押与资金负债情况。大股东过高的财务压力会对上市公司市值增长产生压力。大股东的资产负债情况、现金流情况和上市公司股票质押率应维持在合理区间，股票质押率应留有合理的安全空间并考虑或随着股价的变化而调整。然而即便股东质押率留有较高的安全空间，也不能排除后续因市场环境和其他各种因素的影响,股价出现较大规模跌幅时,上市公司股东存在补充质押担保物或面临平仓的风险。股份回购是临时性降低大股东质押平仓风险的工具之一。

3. 提升资本运作效率的情况。上市公司以现金为对价,采用要约方式、集中竞价方式回购股份的,视同上市公司现金分红,可以纳入现金分红的相关比例计算。上市公司实施股份回购后申请再融资,融资规模不超过最近12个月股份回购总金额10倍的,本次再融资发行股票的董事会决议日距前次募集资金到位日不受融资间隔期的限制,监管部门审核中对此类再融资申请给予优先支持。股东大会授权董事会实施股份回购的,可以依法一并授权董事会实施再融资。上市公司实施股份回购的,可以同时申请发行可转换公司债券,募集时间由上市公司按照有关规定予以确定。

4. 提升未来股东价值及回报的情况。在上市公司现金较为充沛时,尤其在同时经营向好或者经历拐点加速发展时,上市公司通过回购先行形成库存股,通过库存股不参与利润分配可以提升股东的分红、增加股息率。未来如果以回购股份作为权益激励股份来源,能够在不增加股本和稀释现有股东权益的情况下实现权益激励。

尽管实务中,不少上市公司遇到需要市值维护的情况后进行回购并将回购股份用于员工持股,拟采取该种方式时,上市公司一定要分清造成股价下跌需要回购股份进行市值维护的本质原因。如果公司发展战略清晰可行、基本面向好,此时股份回购用于权益激励能够起到提振股价和增加激励的双重作用;但是如果公司股价下跌是因为上市公司基本面的边际恶化或者经营战略、市值战略不够清晰所致,该种情况下上市公司应当先审视公司的经营情况和市值战略,然后决定是否需要回购。本书特别不建议在该种情况下将回购股份用于权益激励,因为这样极容易演变成既消耗公司现金又造成持股对象与公司博弈的情况。上市公司可以以更低的折扣将回购股份转让至员工持股计划以减少博弈,但这是有损于全体股东利益的,本质是将员工与公司之间的博弈转变为员工与股东之间的博弈。

三、权益激励方案筹划与设计

权益激励方案筹划与设计流程如图 6.4 所示。

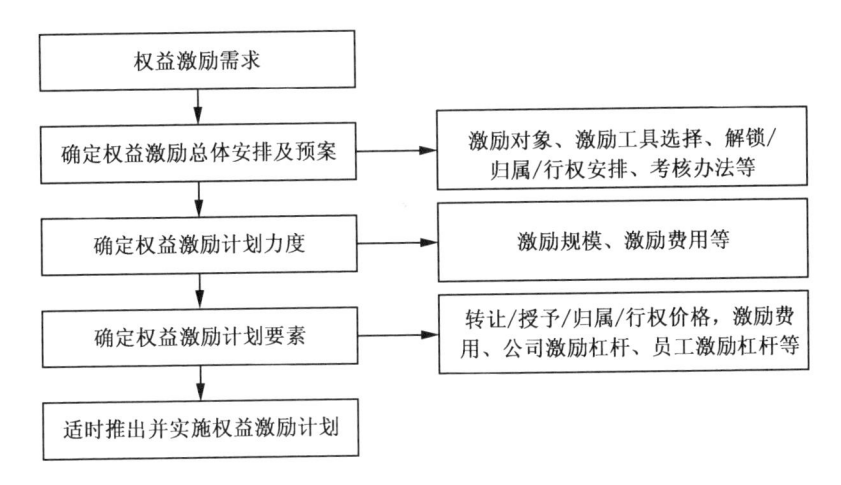

```
权益激励需求
    ↓
确定权益激励总体安排及预案 → 激励对象、激励工具选择、解锁/归属/行权安排、考核办法等
    ↓
确定权益激励计划力度 → 激励规模、激励费用等
    ↓
确定权益激励计划要素 → 转让/授予/归属/行权价格,激励费用、公司激励杠杆、员工激励杠杆等
    ↓
适时推出并实施权益激励计划
```

图 6.4　权益激励方案筹划与设计流程

(一)确定权益激励的总体安排

1. 初步判断上市公司应当采用的权益激励的股份来源和权益激励的类型

上市公司应该考虑包括但不限于以下几点:

(1)上市公司所属上市板块(见图 6.5)

目前,上交所科创板和深交所创业板上市公司可以采用第二类限制性股票。所有上市公司均可采用员工持股、第一类限制性股票和股票期权。

(2)上市公司激励需求来源和目的(见图 6.6)

权益激励需求直接由市值维护或市值管理产生,通常采用回顾股份＋员工持股计划[①]的方式,该类需要主要为本章第二节"市值维护中产生的权

[①] 再次建议回购股份主要用于员工持股计划,股权激励尽可能采用增发股份,第一类限制性股票在共分两期解锁并且时间节点把控较高的情况下,可以使用回购股份作为激励股份来源。

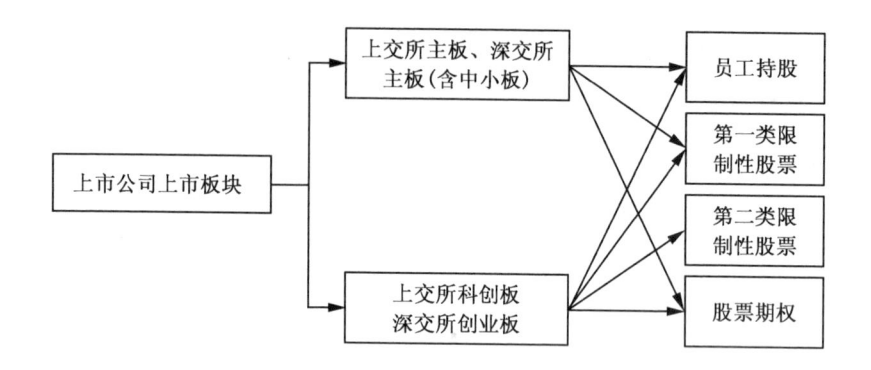

图 6.5 上市板块与当前常用的权益激励工具

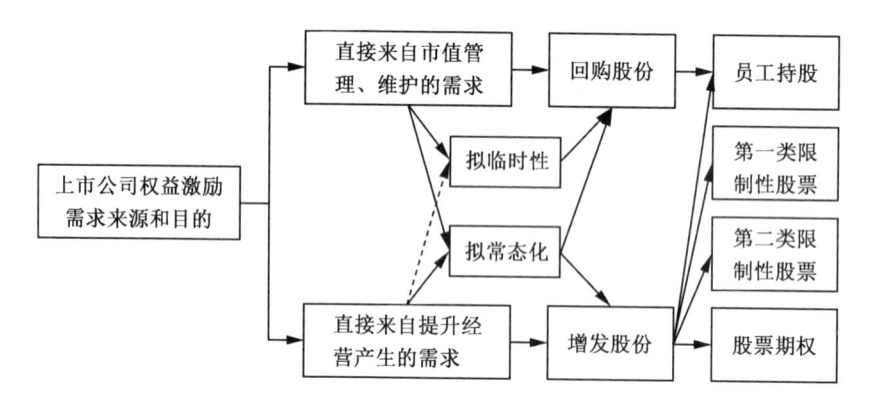

图 6.6 权益激励需求与常用的权益激励工具

益激励需求"部分所列情况。股东市值管理需求,如大股东质押风险增加、解禁需求、提升大股东控制权等;市值维护需求,如股价短期非理性下跌过大等;提高股东回报,如提升股息率、增厚 EPS 等;改善股东结构,如吸引保险、成熟机构投资者股东等;提升资本运作效率等,如缩短融资窗口期、同步再融资等。

权益激励需求直接由上市公司经营产生,以经营的成长支撑市值成长,通常采用增发股份+员工持股或股权激励的方式,该类需求主要为本章第一节"权益激励需求监测与分析"部分所列情况。

对于临时性需求而需要临时性采取权益激励计划的,本书建议优先考虑回购股份作为权益激励股份来源,只有在个别情况下考虑增发股份,如上市公司融资受限或可支配的流动资金不足而希望通过股权激励同时获得流动用途资金。

(3)上市公司资金状况(图 6.7)

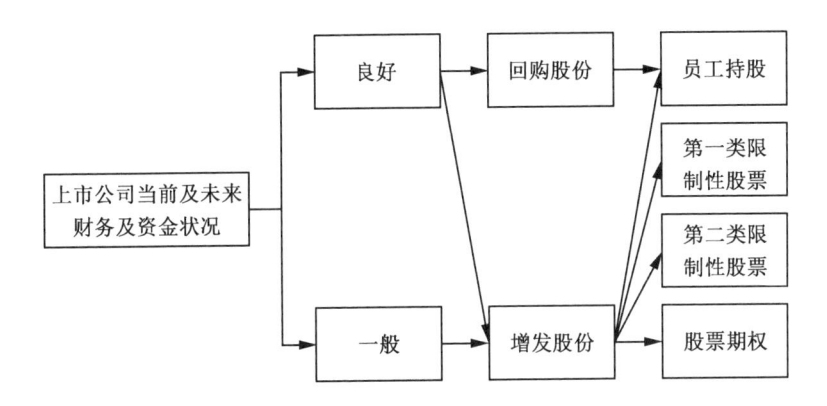

图 6.7 上市公司财务状况与常用的权益激励工具

上市公司应当考虑当前及未来的运营资本需求、现金流情况、目标股息率及分红情况、研发或开发投入情况等,来判断公司当前及未来现金的储备情况。回购股份会减少上市公司现金,而增发股份会相应增加上市公司现金但会增加股本产生一定的稀释作用。

(4)上市公司薪酬状况(图 6.8)

随着科技和城市化的推动,对人才的竞争更加激烈。上市公司的基础薪酬的高低和激励力度都会形成对人才的吸引力。但是一味以现金形式提升激励对象的基础薪酬水平会对上市公司形成现金压力,通过股份支付的现金流和会计费用处理的不一致,便可以以权益激励的方式来提升上市公司基础薪酬水平。通常,如果激励对象收入水平较高,上市公司就可以采用股票期权或者折扣力度较低的员工持股计划;如果激励对象的收入水平较低,上市公司除应当提升员工激励杠杆 LS 外,还需要提升员工激励薪酬杠杆 LS_R 至目标区间,此时比较适合采用第一类限制性股票、第二类

股权激励与员工持股

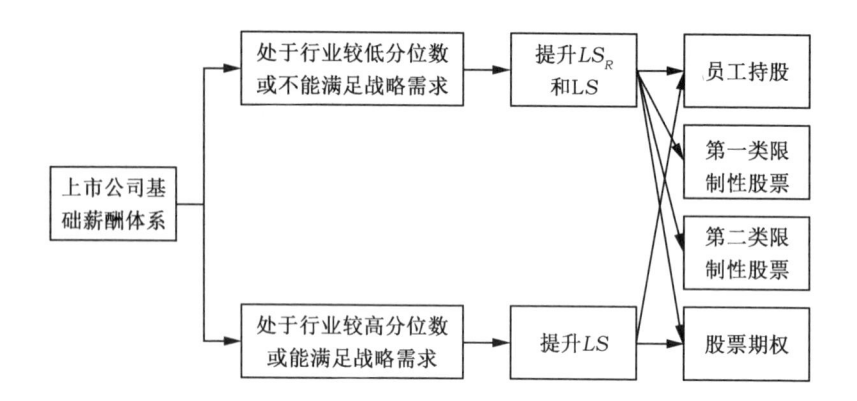

图 6.8 上市公司薪酬状况与常用的权益激励工具

限制性股票或者折扣力度较大的员工持股计划(见图 6.9)。

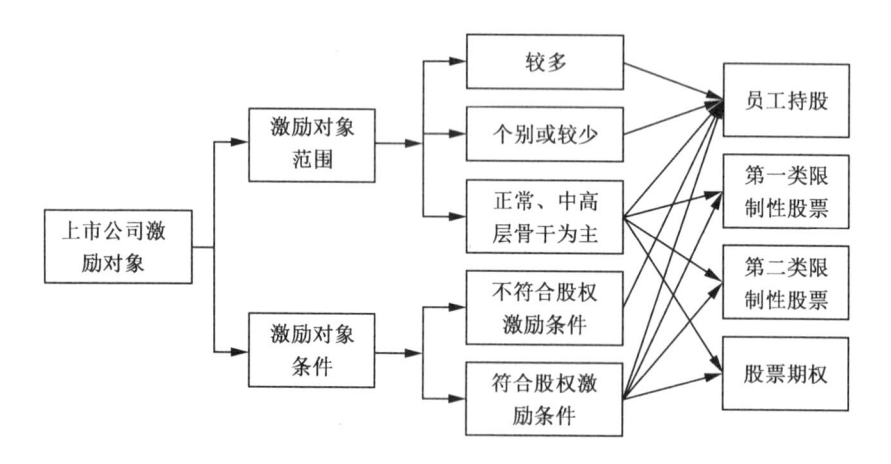

图 6.9 上市公司激励对象与常用的权益激励工具

(5)激励对象范围状况

上市公司应当根据权益激励的需求情况和目的首先确定激励对象。

在不考虑预留授予的情况下,上市公司权益激励工具的选择应当考虑激励对象涉及的层面。实务中有时会出现需要尽可能扩大激励面的情况,如以研发为主的企业、或者上市公司已经或拟回购的股份规模较大,有时会出现针对个别对象,如对董事、高管实施权益激励,这种情况下建议采用员工持股计划。上市公司有时会面对不符合股权激励条件的激励对象,如通常会遇到监事的激励问题,尤其是职工监事通常均是上市公司骨干人才担任,在这种情况下则需要员工持股计划或单独处理比较合适。

(6)激励对象资金及税收状况

激励对象的资金实力会影响权益激励的力度和实施。上市公司应当检视员工激励数量LS_Q的情况,以预判激励对象的出资能力。如果激励对象当前出资能力欠佳,宜采用第二类限制性股票和股票期权等期权类工具或者折扣力度较大的员工持股计划(见图6.10)。

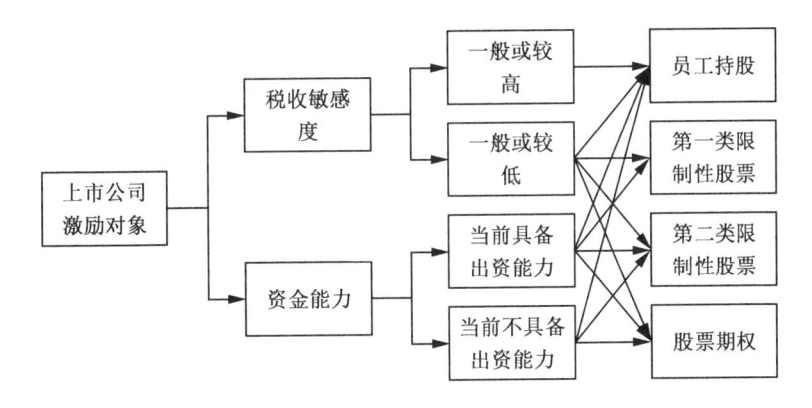

图6.10 上市公司激励对象资金情况与常用的权益激励工具

权益激励的税收影响,虽然不会改变上市公司的激励杠杆LC,以及确认的会计成本,但是会减少实际的员工激励杠杆LS。上市公司应当考虑激励对象的税率情况和边际税收情况,如果激励对象对税收敏感度较低,比如薪酬水平较低或位于海南自贸港等低税率纳税区域,上市公司可以考虑各种权益激励工具;然而,如果激励对象对税收敏感度较高,比如薪酬水平较高或所得税率较高,员工持股计划比较合适。

(7)股价运行情况

通常情况下,上市公司股价比较活跃、经常经历大起大落时,股票的波动率会比较高,导致期权理论价格较高,从而会获得较低的公司激励杠杆LC。因此在股价波动率较高的情况下或者上市时间较短的情况下,建议继续观察可比指数的波动率,如果可比指数的波动率也较高,建议优先采用员工持股计划或第一类限制性股票作为权益激励工具(见图6.11)。

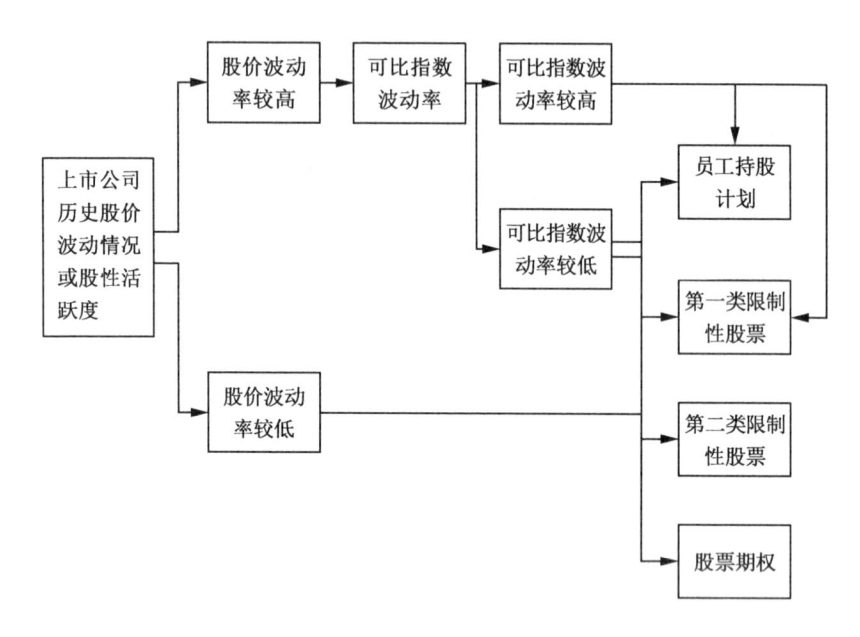

图6.11 上市公司激励对象资金情况与常用的权益激励工具

可比指数为一揽子股票的组合,可比指数的波动率通常会低于上市公司股价波动,从而以可比指标波动率集散的期权成本较低。可比指数可以选择行业指数,如申万行业指数、中信行业指数、中证行业指数,也可以选择规模指数,如沪综指、深成指、创业板综指、沪深300、科创50等,选择可比指数的关键在于可比性,上市公司应当有充分的理由说明选择可比指数波动率代替自身股票波动率的合理性。

(8)其他需要考虑的情况

上市公司还应当考虑所处的发展阶段,比如上市公司正处于转型阶段、加大产品研发阶段或开拓市场阶段,比较适合采用增发股份实施权益激励;如上市公司处于成熟期、价值股处于股价相对稳定且股息率较高、经过高增长或转型后进入收获期等适合采用回购股份的方式实施权益激励。

上市公司还应当考虑交易情况和大股东及流通股情况,比如股价处于相对底部、成交量萎靡、交投不活跃阶段等适合采用回购股份的权益激励方式;如大股东持股较低比较适合采用回购股份进行的权益激励;如果大股东持股比例较高或市场流通盘较低比较适合采用增发股份进行权益激励;如果公司股价历史波动较大,期权的理论价值会较高,比较适合员工持股或第一类限制性股票的方式。

上市公司应当根据具体情况,判断需要考虑的情况,并以此确定可选择的权益激励工具和股份来源。

2. 初步确定权益激励的获益安排及获益条件

上市公司应当根据权益激励的目的并考虑公司和激励对象的财务资金状况,确定合适的获益安排及对应的获益条件。获益安排建议员工持股计划一般采用一期解锁,也可以考虑分两期解锁;股权激励建议一般情况下采用三期或二期或四期解锁;解锁安排除特殊考虑外尽量不要超过五期,否则会对激励效果产生较大折扣。在设置具体获益安排时[①],本书建议以三期获益安排为基础,考虑以下方面影响后,根据上市公司情况进行具体调整(见图6.12):

公司属性。通常情况下,国资的行业属性和薪酬福利激励等方面均会产生更高的获益要求以及较民资上市公司更长的获益期安排。

权益机制安排。通常情况下随着业务的不断发展,权益激励会逐步成为上市公司的常态化薪酬机制,常态化之后,如果采用较短获益期安排的权益激励能够及时起到改善或修正公司长期薪酬激励体系的作用。

公司短期利润情况。权益激励根据服务期来分摊激励成本,如果上市公司预计短期利润较好甚至超预期时,可以考虑采用较短的获益期安排或者前高后低的获益比例安排,激励费用较多地分摊至短期,既能平抑短期财务利润,又能留有长期利润释放空间。

员工薪酬情况。如果员工薪酬水平在行业薪酬分位数中处于一般或

---

① 本书所指较长获益期指获益期分为三期或四期,较短获益期为二期或者三期。

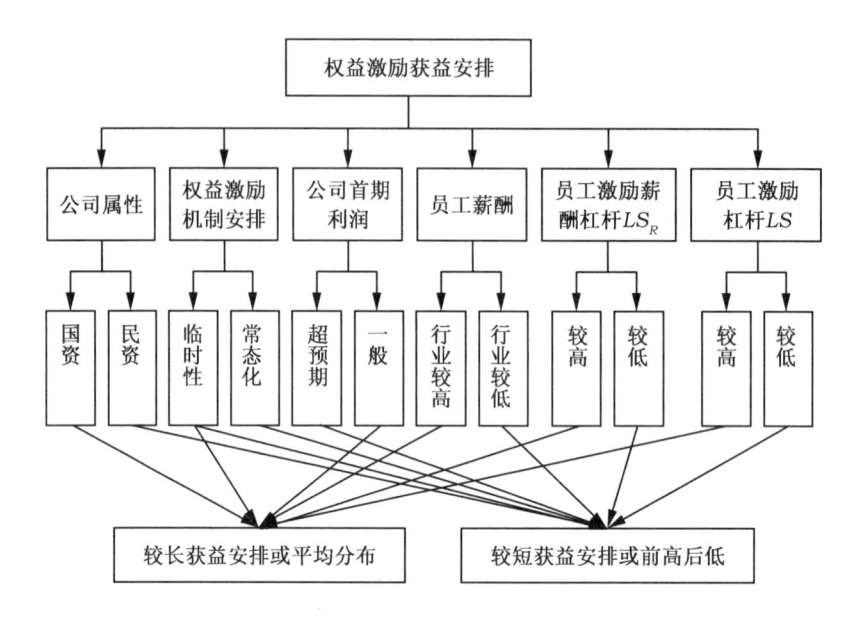

```
                    权益激励获益安排
        ┌──────┬──────┬──────┬──────┬──────┐
      公司属性  权益激励  公司首期  员工薪酬  员工激励薪  员工激励
              机制安排   利润             酬杠杆LS_R  杠杆LS
      ┌─┬─┐  ┌─┬─┐  ┌─┬─┐  ┌─┬─┐  ┌─┬─┐  ┌─┬─┐
      国 民   临 常   超 一   行 行   较 较   较 较
      资 资   时 态   预 般   业 业   高 低   高 低
              性 化   期      较 较
                            高 低
```

图 6.12 上市公司权益激励的获益期安排

较低分位数,低于公司目标薪酬分位数时,上市公司可以采用较短的获益期安排。

如果员工激励杠杆 LS 或员工激励薪酬杠杆 LS_R 较低,意味着本次权益激励的力度较弱,此时应当采用较短的获益期安排。

3. 初步确定权益激励的获益条件

在初步确定权益激励的获益安排的同时,上市公司需要设立对应的获益条件。尽管第三章和第四章中就股权激励和员工持股计划的获益条件的要求较为简单,但是实务中股权激励的获益条件的设置非常重要,不仅会影响该次权益激励的获益情况和激励效果,还会影响到上市公司总体的市值管理效果。然而不少上市公司没有给予足够的重视,有的设计对上市公司的市值管理产生了负面效果。

上市公司设计权益激励条件时,需要平衡好获益条件的可实现性和预期边际改善性,既要让资本市场和股东感受到上市发展预期的改善,又能有较大概率实现这种预期。上市公司权益激励的获益条件总体可以分为三类,财务类、经营类和股东回报类。股东回报类是实施权益激励的目的和结果的衡量,经营类和财务类是对股东回报的基础和支撑的衡量,其中财务类指标又是对公司经营的结果和检测的衡量(见图6.13)。

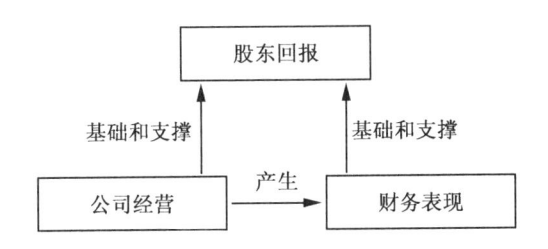

图 6.13 上市公司权益激励常用条件指标

财务状况作为公司经营的结果和检测,又是股东回报的基础,因此权益激励的获益条件原则上应当纳入财务指标(见图6.14)。公司经营指标和股东回报指标有助于向投资者清晰地传递未来要做什么、怎么做以及会怎么提升股东回报,非常有助于增加公司透明度和指引市场预期,因此公司经营指标和股东回报指标既可以直接纳入权益激励的获益条件,也可以于《公司未来三年股东回报计划》、公司年报等文件中明确披露。上市公司

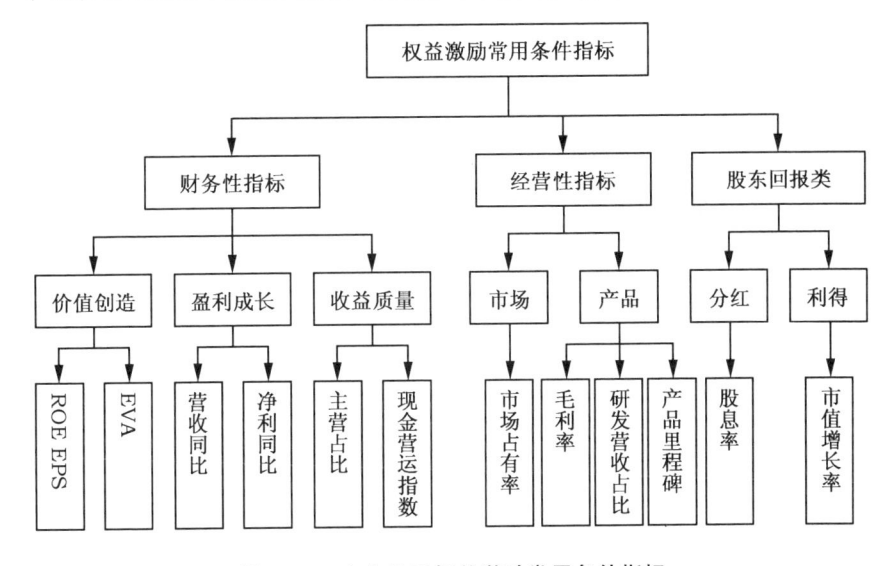

图 6.14 上市公司权益激励常用条件指标

应当根据权益激励的目的和公司现实能力,选择相关指标或指标组合作为权益激励的获益条件。

(1)股东回报类指标

上市公司股东会追逐特定时间范围内的回报最大化。股东回报最大化也即复权之后的价值增长最大化,中长期看主要表现为股息红利所得和资本利得。目前,国内市场以及大多数海外成熟市场对股息红利所得和资本利得的税率是不同的,所以在股东回报的实现方式上,上市公司需要设计和平衡。

分红类:主要有股息率、分红率等指标。分红率是指现金分红或者回购金额占上市公司归母净利润或可供分配利润的比例[①],衡量上市公司管理层及董事会分红的意愿;股息率是指分红金额占上市公司市值的比例,衡量上市公司分红的能力,股息率也是采用股利估值模型(DDM)类投资者衡量公司价值的重要指标之一。

利得类:主要有复权市值增长率等指标。复权市值增长率是指剔除送转增配影响后复权的上市公司市值增长率,衡量投资者持有上市公司股票的资本增值幅度。

(2)经营性指标

上市公司的经营战略发展通常分为市场战略和产品战略,因此在此将经营性指标分为市场类和产品(或服务)类。

市场类:主要有市场占有率、市场排名等指标,衡量上市公司在特定市场(主要为主营业务市场或战略进入的市场)的绝对或者相对领先程度。

产品类:主要有产品毛利率、复杂系数、研发投入占比等指标。产品毛利率是产品毛利与产品收入的比值,能综合衡量产品的领先程度和稀缺程度,体现产品经过公司后的增值程度,即价值创造能力。复杂系数是指工艺、工程、装置、生产等产品生产的难易及其流程的复杂程度,衡量产品的

---

① 会计上上市公司分红应当以母公司可供分配利润为依据,但是为防止上市公司通过对子公司或者难以对子公司进行分红控制,监管层无论在年报披露或者再融资中,均以合并报表中归母净利润为比较口径。

技术门槛。研发投入占比是公司研发费用占营业收入的比重,通常高研发投入尽管会降低上市公司当期损益,但是会提升公司技术实力、增加长期竞争力,将研发投入占比纳入获益条件可以降低管理层因短期获益冲动而损害公司长期竞争投入的行为。

(3)财务性指标

财务性指标是最为常用的获益条件指标,可以分为价值创造类、盈利成长类、收益质量类,其中盈利成长类是最为常见的获益条件指标。

价值创造类:主要有净资产收益率(ROE)、经济增加值(EVA)、每股收益(EPS)等指标。净资产收益率衡量管理层使用自有资本获益的能力和效率,是重要的价值创造和财务衡量指标,比如杜邦分析法。著名投资家巴菲特认为投资一只股票的长期收益基本不会离净资产回报率(ROE)太远[1]。经济增加值又称经济利润,是指上市公司税后净营业利润与全部资本成本之间的差额,其中资本成本包括债务资本的成本,也包括股本资本的成本,由于经济增加值扣除了所有资源成本,所以得到的是真正的经济利润,不少知名的大型企业集团或跨国企业使用该指标评价公司业绩。每股收益是指每股股份对应的利润实现,通常使用稀释的每股收益或者剔除送转增配影响的每股收益,以反映管理层及员工真正的价值创造。

盈利成长类:主要有营业收入同比增长率、归母净利润同比增长率等指标,衡量上市公司盈利实现和增长情况。营业收入和净利润情况是上市公司估值模型的重要基础性变量,能够直接影响市盈率(PE)、市销率(PS)估值结果,能够通过传导至资产和现金流影响市净率(PB)估值、市现率(PCF)估值、自由现金流折现(DCF)估值结果。

收益质量类:主要有主营业务占比、现金营运指数、销售现金比率等指标。主营业务占比是指主营业务收入占营业总收入的比重,或者主营业务利润占营业利润的比重,能够衡量公司收入和利润的主要来源情况,主营

---

[1] 参见:普雷姆·杰恩与沃伦·巴菲特合著的《价值投资之外的巴菲特》,中国青年出版社2019年版。

业务或者战略性业务是上市公司未来持续发展的核心,也是市场价值评估最重要的估值对象。现金运营指数是指经营活动现金流量与企业经营所得现金的比值,衡量上市公司现金回收质量,反映公司所处行业的现金创造能力和公司在产业链中的竞争地位。销售现金比率是指经营现金净流入与公司营业收入的比值,衡量上市公司销售质量的高低,反映公司单位销售收入创造现金净额的能力,能够降低上市公司通过加大赊销等行为博取短期业绩的行为以及虚增收入的情况。

(二)确定权益激励的力度与规模

上市公司在进行权益激励时需要确定激励的规模,即权益数量。上市公司可以探索并采用适合自身需求的方法来确定权益激励的规模。本书提出以下分步的方式确定权益激励的规模,即先确定权益激励的力度(即相关金额),再确定权益激励的规模(数量)。

上市公司应当根据自身的资金状况来确定能够实施股份回购的规模,根据公司利润的情况和市场预期利润增长情况、股息率情况来判断能够承担的激励费用区间(见图 6.15)。

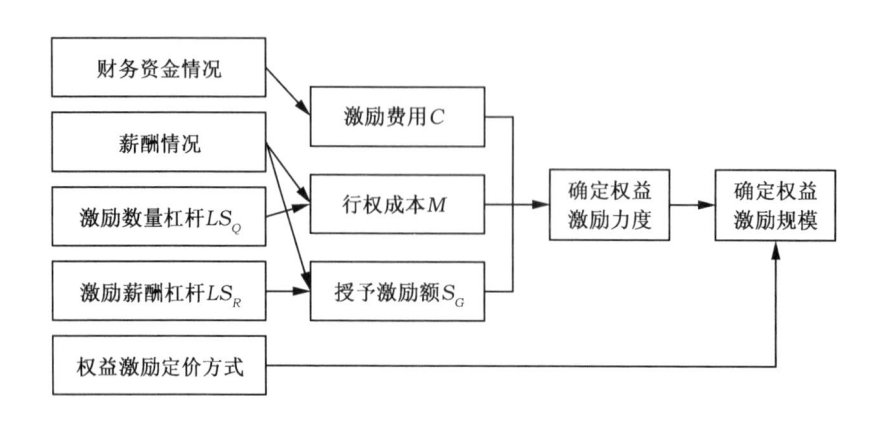

图 6.15 上市公司权益激励规模的确定

根据激励对象的资金情况、合理的激励数量杠杆 LS_Q 情况,来确定合理的激励对象行权成本或授予、受让成本区间。

根据激励对象薪酬情况、合理的目标的激励薪酬杠杆 LS_R 情况,来确定合理的授予激励金额。

通过以上确定的激励费用区间、行权成本区间、授予激励额区间,来确定权益激励的总体力度,并结合权益激励工具的定价方式,计算确定权益激励的数量规模。

(三)确定权益激励的具体要素

权益激励的具体要素是指具体的激励工具、推出激励方案的时间、权益工具定价及数量(见图6.16)。

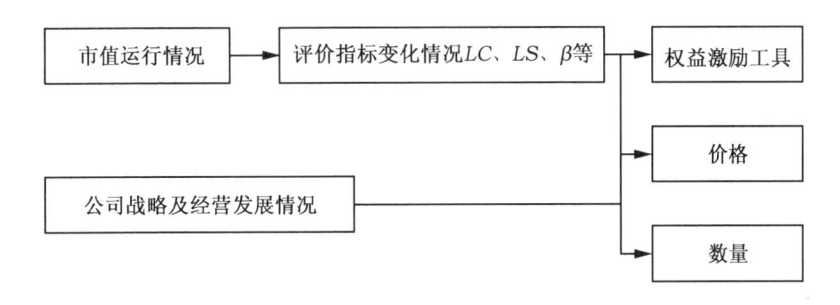

图6.16 上市公司权益激励具体要素的确定

上市公司可以根据公司经营情况和市值运行情况计算激励方案的相关评价指标,在具备较优的或者较为满意的公司激励杠杆 LC 和员工激励杠杆 LS 时,且后续实施期内不存在较长窗口期时,即时确定权益激励的具体要素并推出权益激励方案。

四、权益激励方案决策与实施

上市公司在确定了权益激励的具体工具和具体要素后,需要按照本书第三章和第四章的介绍,启动权益激励工具的决策程序并实施(见图6.17)。[①]

[①] 上市公司在决策实施权益工具过程中,一定要重视第五章第四节涉及的情形。

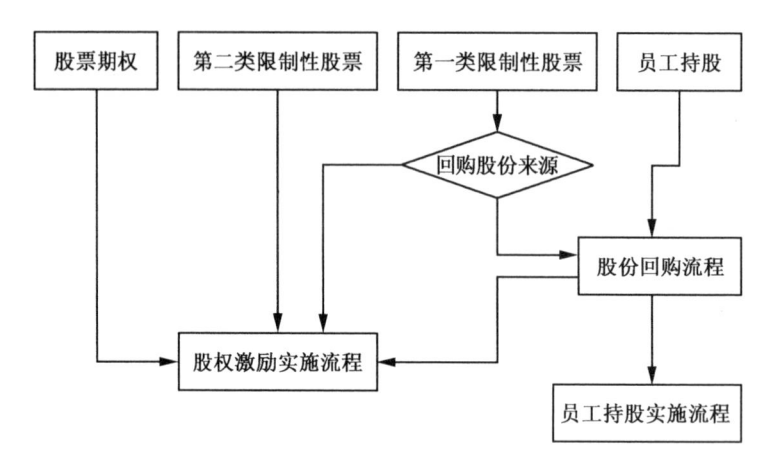

图 6.17　上市公司权益激励的实施

五、权益激励实施评估与反馈

权益激励并不是一次性的公司行为,应成为公司激励性薪酬体系的重要组成部分。作为一个持续、长期、不断滚动实施的总体战略,权益激励应随着公司内外部环境的发展不断修订更新(见图 6.18)。

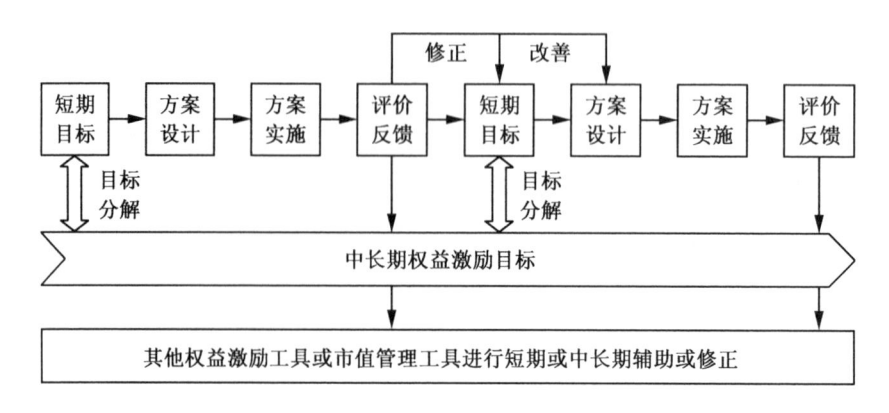

图 6.18　上市公司权益激励的评价与反馈

持续更新的过程也可以借鉴戴明环方法。戴明环由美国质量管理专家休哈特博士提出,又称 PDCA 循环,是目前全面质量管理的思想基础和方法依据,也是公司管理各项工作的一般规律。PDCA 循环分为四个阶段:计划(Plan)、执行(Do)、检查(Check)、处理(Act)。通过对每次权益激励的目的和计划以及执行的效果分析不断进行改正并根据内外部环境的变化而更新,从而由一次次具有存续期间的权益激励构建并实施能够兼顾短、中、长期激励目的和利益的长期激励战略。

第七章

权益激励实务流程与案例

甲公司为某创业板上市公司,属于工业制造企业,公司产品性能处于国内领先地位,但公司当前产品线竞争激烈,并且下游客户较为集中且规模较大,受到下游企业资本开支的影响,销售呈现一定的季度性,销售回款主要集中在第四季度。

由于受政策刺激和补贴退坡的影响,下游客户于 $N-1$ 年时进行抢装,产生较大规模资本开支和投入,需求释放较大。甲上市公司于第 $N-1$ 年第二季度和第三季度销售同比、环比均实现了大幅增长(见图7.1)。

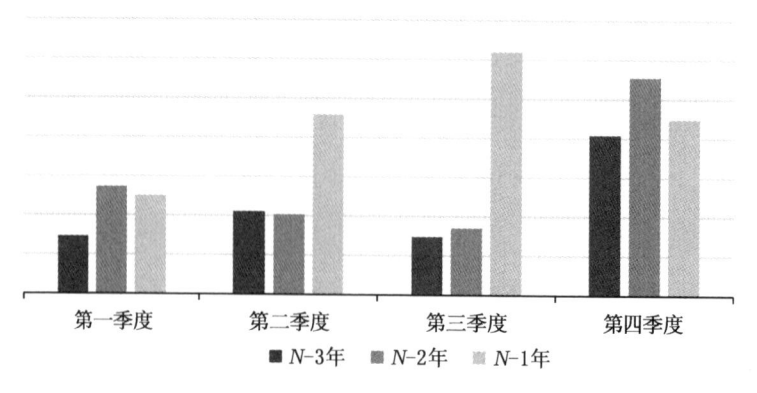

图7.1 甲公司 $N-1$ 年营业收入

甲上市公司二级市场股价也于 $N-1$ 年第二、三季度持续上涨,涨幅超过 100%。

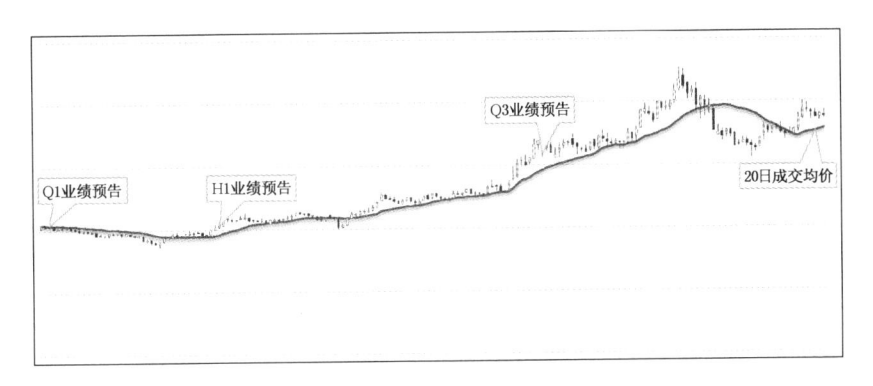

图 7.2　甲公司 $N-1$ 年股价走势图

进入 $N-1$ 年第四季度后,公司销售开始回落,同比、环比均出现下滑(见图7.2)。甲上市公司拟拓展海外市场业务以消化前期增加投资带来的扩张产能,同时进行产品升级来提升产品竞争力。为此,甲上市公司董事会做出一系列重大决策,其中包括实施常态化权益激励并成为基础薪酬体系的重要组成部分以留住和吸引公司业务发展所需人才。

一、确定实施权益激励的需求和目的

甲上市公司经过如下分析,确定权益激励主要应当满足于甲上市公司经营产生的需求兼顾市值增长产生的需求,重点在费用适当增加且可控的条件下提升激励对象的薪酬和激励。

(一)甲公司以直接来自经营的权益激励需求为主

● 加快市场拓展和产品升级。 由于下游客户上年度的抢装,第 N 年第一季度甲上市公司已经继上年度第四季度回落后继续增长乏力,甲上市公司需要保持国内市场增长,同时快速拓展海外市场、加快产品研发升级进度。

● 改善激励的边际预期,驱使员工激励与股东利益一致。 以权益激励未来价值的不确定性促使激励对象发挥更多的主观能动性,避免激励边际效应递减，同时进行有效的市场开拓和产品升级，以驱动公司业务增长和市值增长。

● 提升未来股东价值及回报的情况。 甲上市公司认为公司行业空间巨大，未来提升公司成长性较增加股息率更能提升股东价值和回报，当前阶段更应提升经营发展速度。

● 提高基础薪酬体系。 甲上市公司激励对象薪酬体系目前处于市场65%分位数左右，甲上市公司所处行业由于市场竞争加剧，已经出现竞争对手猎聘公司主要技术和市场骨干人员的情况，公司员工流失率小幅上升，甲上市公司需要将激励对象基础薪酬提升到行业80%～90%的较高水平。

● 降低上市公司现金支付。 甲上市公司国内客户普遍存在压款现象，同时季节性突出，为了应对未来海外市场拓展、产品升级以及产能投资的费用开支，甲上市公司希望尽量减少现金支付、降低现金薪酬支付的法定责任，同时尽可能多地保有现金，以应对由于市场拓展和产品升级过程中不能紧密衔接导致的市值下跌。

● 尽可能少的激励费用。 在满足甲上市公司激励需求时，产生尽可能少的激励成本，保持公司经营和利润的增长。

（二）甲公司以直接来自市值维护的权益激励需求为辅

甲上市公司实控人持股比例较高、质押股份比例较低，质押风险很低；公司管理层对公司业务保有信心，因此，公司可以实施股份回购的必要性不强，同时考虑到采用回购股份用于股权激励所费时间周期较增发股份较长，为了实时把握市场契机，公司倾向于采用增发股份作为股权激励股份来源。

● 股东质押与资金负债情况。 甲上市公司实控人资产负债和流动情况较好，公司实控人持股比例超过50%，不存在需要防范"野蛮人"的情况，质押率为12%，占公司总股本的6%左右，质押风险及补充质押担保物或面临平仓风险较低。

● 股价大幅下跌情况。 甲上市公司当前股价高位震荡，尚未出现大幅下跌的情况。 同时即便未来公司股价大幅下跌，公司认为一方面公司所处行业未来发展空间巨大，即便下跌也会是业务拓展中阶段性的，另一方面经过压力测试实控人方面能够承受较大的下跌空间。同时公司可以伺机通过回购等多种工具进行市值维护。

● 提升资本运作效率的情况。甲上市公司上次定增时间已经超过18个月，同时升级产品研发成功后方进行产能投资，目前没有较大提升资本运作的诉求。

二、确定实施权益激励条件

甲上市公司通过比对上市公司激励实施条件和激励对象条件，认为上市公司符合权益激励要求，激励对象中存在个别对象符合员工持股条件但不符合股权激励条件。因此，甲上市公司得出以下结论：未来可以采用员工持股计划，或者是股权激励＋员工持股计划，或者是股权激励＋虚拟股票或现金增值权方式进行权益激励。

（一）确定上市公司激励实施条件

甲上市公司按照本书第三章"一、上市公司实施股权激励的条件"和第四章第二节"二(一)员工持股计划实施条件"，进行比对，发现甲上市公司均符合实施员工持股和股权激励的条件。根据股权激励计划自查表上市公司合规性要求的项目，甲上市公司均符合(见表7.1)：

表7.1　　　　　　　　　甲上市公司合规性要求

序号	事项	是否存在该事项	备注
	上市公司合规性要求		
1	最近一个会计年度财务会计报告是否被注册会计师出具否定意见或者无法表示意见的审计报告	否	
2	最近一个会计年度财务报告内部控制被注册会计师出具否定意见或者无法表示意见的审计报告	否	
3	上市后最近36个月内出现过未按法律法规、公司章程、公开承诺进行利润分配的情形	否	
4	是否存在其他不适宜实施股权激励的情形	否	

续表

序号	事　项	是否存在该事项	备注
5	是否已经建立绩效考核体系和考核办法		
6	是否为激励对象提供贷款以及其他任何形式的财务资助	否	

就第5项考核办法，甲上市公司将会根据经营战略和市值战略要求后续制订。

（二）确定上市公司激励对象条件

甲上市公司按照本书第三章"二、股权激励计划股权激励对象的条件"和第四章"二(二)员工持股计划实施对象"，并根据股权激励计划自查表激励对象合规性要求的项目，甲上市公司激励对象应符合表7.2所示的要求。

表7.2　　　　　　　　甲上市公司激励对象合规性要求

序号	事　项	是否存在该事项	备注
	激励对象合规性要求		
7	是否包括单独或者合计持有上市公司5%以上股份的股东或者实际控制人及其配偶、父母、子女以及外籍员工，如是，是否说明前述人员成为激励对象的必要性和合理性	否	
8	是否包括独立董事和监事		
9	是否最近12个月内被证券交易所认定为不适当人选	否	
10	最近12个月内被中国证监会及其派出机构认定为不适当人选	否	
11	最近12个月内因重大违法违规行为被中国证监会及其派出机构行政处罚或者采取市场禁入措施	否	
12	是否具有《公司法》规定的不得担任公司董事、高级管理人员情形	否	
13	是否存在其他不适宜成为激励对象的情形	否	
14	激励名单是否经监事会核实		

甲上市公司目标激励对象为公司董事、高级管理人员、骨干人员和其他优秀人才,王某为甲上市公司主要技术负责人之一且担任公司职工监事(见表 7.2 第 8 项),不能成为股权激励对象,但是甲上市公司认为王某对公司业务升级具有重要作用,应当作为权益激励对象。为实施程序事宜,后续将履行对应程序(见表 7.2 第 14 项)。

三、确定权益激励的总体安排

甲上市公司初步确定采用以增发股份作为股份来源的第一类限制性股票或第二类限制性股票或股票期权或员工持股作为常态化的权益激励形式,同时准备一定的现金储备以用于未来出于市值维护需要或弥补因股价下跌而较大影响常态化权益激励的效果时,以回购股份作为股份来源的员工持股计划或第一类限制性股票的临时性权益激励。

就常态化的权益激励,甲上市公司不存在激励费用归属的特殊安排需求,将采用分三期解除限售或归属的常规形式。就或有可能发生的临时性权益激励,甲上市公司将根据市值或股价下跌的幅度,幅度较低时采用第一类限制性股票,分两期解除限售,幅度较高时采取员工持股计划按照满足 12 个月后解除限售。

(一)初步确定权益激励的可选方案

甲上市公司进行以下考虑:

- 上市板块。 甲上市公司为创业板上市公司,可以采用第一类限制性股票、第二类限制性股票、股票期权、员工持股计划,以及现金增值权、模拟股票等形式的权益激励工具。
- 激励需求和目的。 甲上市公司以直接来自经营的权益激励需求为主、直接来自市值维护的权益激励需求为辅,并希望常态化推进。
- 上市公司资金状况。 甲上市公司当前资金状况良好,但是公司业务呈现季节性特征,且未来需要开拓海外市场和产品升级研发及推广,希望最大限度保留资金,甚至增加资金,所以甲公司决定以增发股份为主。
- 上市公司薪酬状况。 甲上市公司激励对象薪酬体系目前处于市场

65%分位数左右，甲上市公司所处行业由于市场竞争加剧，需要将激励对象基础薪酬提升，所以甲上市公司倾向于第一类限制性股票、第二类限制性股票、员工持股计划，较偏好于股票期权。

● 激励对象范围。除王某外，甲上市公司其余激励对象均符合股权激励的要求，因此甲上市公司拟实施员工持股或者股权激励，以及针对王某的持股计划或现金增值权。

● 激励对象的资金与税收情况。目前，甲上市公司激励对象虽然行业薪酬分位数不高，但是绝对金额相对社会整体偏高，相对于激励资金而言足够支付，同时公司计算员工激励数量杠杆 LS_Q 也较高，因此甲上市公司对股票类或期权类没有特别偏好或倾向。

● 股价运行情况。甲上市公司股价在过去一年中经过较大幅度上涨和回调，股价波动率较高，预计产生的期权成本较高，相较于股票类折扣，成本优势预计不明显。公司所处创业板指数波动略高，但是深圳成指和申万行业指数变化不大，甲上市公司将视后续激励杠杆情况相机决策。

综上，甲上市公司得出以下初步总体安排：以增发股份作为权益激励股份来源，由于增发股份时根据发行管理办法，员工持股锁定期较长且折扣力度较低，故整体不考虑员工持股计划，即择机选择第一类限制性股票、第二类限制性股票和股票期权，考虑到市场波动对激励杠杆的影响，预计以第一类限制性股票、第二类限制性股票为主。就王某的激励，甲上市公司拟采用向王某发放特别奖金的形式由王某自行买入股票并锁定，即甲上市公司届时发放的特别奖金金额等于王某的买入价与授予价之差额。

（二）初步确定权益激励的获益安排

甲上市公司进行以下考虑：

● 常态化机制。甲上市公司为民营公司，需要通过权益激励实现引进并留住人才，甲上市公司希望实行常态化机制，每年均推出激励以便能够增加现有人才的跳槽成本同时提升引进人才的吸引力，因此甲上市公司决定采用正常或更短的权益获益安排，即三年期或两年期，对应有效期为60个月或者48个月。

● 公司短期利润情况。 甲上市公司预计受上年度第二、第三季度高基数的影响，上年度第四季度收入较低以及收入递延的影响，当年度（N年）的第一、第四季度收入情况会继续同比实现增长，第二、第三季度压力较大，全年看收入总体继续增长。 利润方面，由于升级产品当年仍难以推向市场，利润将出现下滑，但是甲上市公司有信心于次年推出新产品提升利润率。 所以甲上市公司制定了当年的经营策略为适当降价以加大现有产品的出货抢占市场份额，为次年新产品的销售奠定市场基础。 因此，甲上市公司拟选择适当期数的获益期安排以便能够通过适当减少首期获益比例，既能递延确认激励费用又可以防止当年获益指标未完成时注销的权益比例。

因此，甲上市公司确定以下策略：

● 如果预计当年第三季度前权益激励能授予完毕，则甲上市公司将权益激励按照 20%－40%－40% 的比例分为三期解禁（或归属或行权），考核年度为当年起三年，获益条件为以上年度为基数营业收入复合增长 15% 或利润复合增长 10% 之一。 并将于次年第二季度内实施的次年的权益激励方案。

● 如果预计权益激励授予完毕于当年第四季度或者次年第一季度，则甲上市公司将权益激励按照 30%－30%－40% 的比例分为三期解禁（或归属或行权），考核年度为次年起三年，获益条件为以当年度为基数营业收入复合增长 20% 或利润复合增长 15% 之一。 并将于次年第四季度内实施的次年的权益激励方案。

两种方案向市场传递预期的时间点不同，成长性也不同，总体上方案二给予市场的成长性预期更强。甲上市公司将实施常态化的权益激励，并且实施后可以根据效果和市场情况通过调整次年的权益激励方案以激励的效果进行及时修正，因此甲上市公司对以上两种策略并无特别偏好，具体哪种获益安排由后续环节及实施时间决定。

四、确定权益激励的激励力度

甲上市公司预算当年度职工薪酬中工资、奖金等员工税前薪酬合计

113 074 万元,其中激励对象薪酬为 16 960 万元,且公司预计未来三年激励对象现金薪酬适当增长,预计三年激励对象的薪酬总额为 55 972 万元。

根据甲上市公司希望通过股权激励同时解决激励对象基础薪酬偏低的问题,将激励对象薪酬体系由目前处于市场 65% 分位数提升 15%,达到行业 80% 分位数以上水平。经过与市场薪酬调查数据对比,对应甲公司激励对象基础薪酬的比例提升为 15%～25%。

因此甲上市公司确定员工激励薪酬杠杆 LS_R 为 15%～25%,由于甲上市公司拟将股权激励作为基础薪酬体系的组成部分并于每年推出,则本次股权激励于授予日的激励额 S_G 应当为 55 972÷3×15%=2 798(万元)至 55 972÷3×25%=4 664(万元)较为合适,即 2 798≤S_G≤4 664。

五、确定权益激励的效用函数以及具体要素

甲上市公司根据本章前述章节内容,确定以下权益激励效用函数:

$U=\max(LC)$,公司激励杠杆最大化,超过 3 倍为满意解

同时,需满足:

$\begin{cases} LC\geqslant 3,\text{公司激励杠杆应当超过 2 倍} \\ LS\geqslant 3,\text{员工激励杠杆应该超过 2 倍} \\ 25\%\geqslant LS_R\geqslant 15\%,\text{员工激励薪酬杠杆控制在 15%～25%区间} \end{cases}$

(一)甲公司于 T1 时认为应当继续等待实施权益激励时机

甲上市公司根据当前并预判未来一段时间的市值运行情况和经营发展情况,认为当前 T1 点时并不是推出权益激励的有利时机,需要继续等待。

1. 判断 T1 时甲公司经营发展将继续压制激励效果

甲上市公司于 T1 时进行了第一季度预告,公司第一季度预告营业收入和净利润较上年度均实现了同比增加。然而由于上年度($N-1$ 年)高基数的影响以及行业政策刺激的退坡,甲公司的财务预算当年(N 年)第二、第三、第四季度的营业收入和净利润将会出现较大幅度下滑,为此甲公司拟于当年第四季度适当降价以加大现有产品的出货抢占市场份额,为次

年新产品的销售奠定市场基础,这样第四季度营业收入会有所增加但是增加的海内外市场费用会导致利润下滑幅度较大(见图7.3、图7.4)。

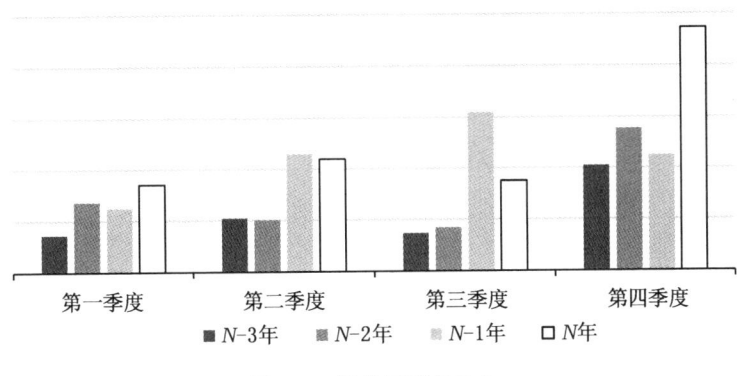

图 7.3 甲公司营业收入

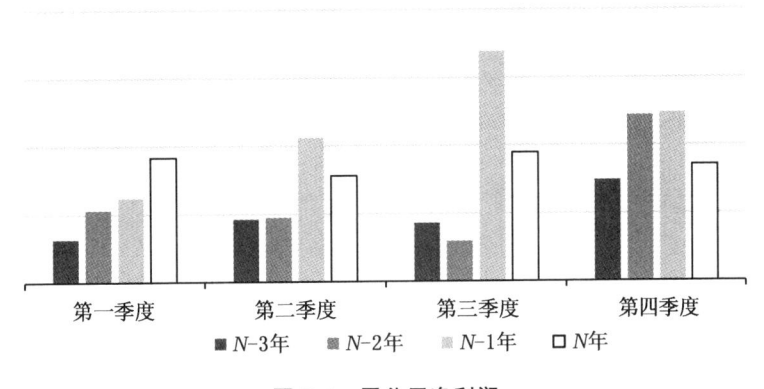

图 7.4 甲公司净利润

甲公司判断,提前于业绩拐点三个季度时间过长,会降低第一个获益期的激励效果,从而影响整体激励效果。即公司预计此时推出权益激励有较大的概率定价会偏高,从而导致员工行权成本 M 阶段性较高、公司的激励费用也较高,也会继续降低公司本就同比下滑的利润规模。甲公司认为正常应当提前一个季度左右较为合适,因此甲公司从公司经营发展角度预判于第三季度末或者第四季度实施权益激励更为合适。

2. 判断 $T1$ 时各项激励指标偏低

甲公司于 $T1$ 时股价为 19.18 元/股,结合对 N 年净利润的下滑预期和资本市场资金的判断,经过分析并结合分析师及机构预测,预计未来三年解锁时股价期望区间分别为 10 元、25 元、40 元左右。此时 $T1$ 点甲公司股价刚经历过上年第二、第三季度的大涨以及当前的震荡整理,波动率为 46.78%、40.22%、40.22%(甲公司判断认为公司发展速度较快,用两年波动率代表两年及以上的波动性较为合理),$T1$ 点时甲公司行权价为 9.59 元,预计授予日股价与 $T1$ 时相同为 19.18 元(见图 7.5)。

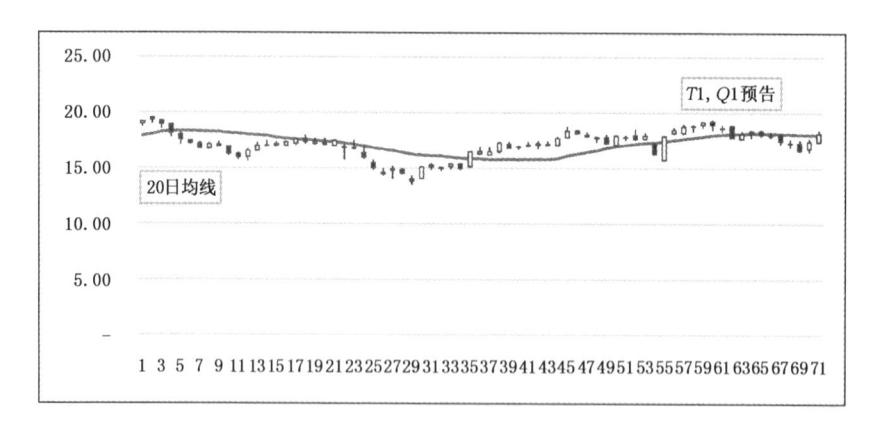

图 7.5 甲公司 N 年一季度($T1$ 时)股价走势

(1)甲公司测算 $T1$ 时,授予日激励额 S_G 的情况如表 7.3 所示。

表 7.3　　　　　　　　　　　　　　　　　　　　　　　　　　单位:万元

$T1$ 激励数量	S_G 目标值	限制性股票 $T1$	股票期权 $T1$	第二类限制性股票 $T1$
750 万股	2 798~4 664	7 192.50	0.00	7 192.50
500 万股		4 795.00	0.00	4 795.00
400 万股		3 836.00	0.00	3 836.00
300 万股		2 877.00	0.00	2 877.00

甲公司测算 $T1$ 时,由于要通过股权激励提升激励对象基础体系,股

票期权不能够满足甲公司诉求[①],采用限制性股票或者第二类限制性股票较为合适;根据前述估算的授予日激励额 S_G 区间 $2\,798 \leqslant S_G \leqslant 4\,664$,甲公司与 $T1$ 点时激励数量为 300 万～500 万股较为合适。

(2)甲公司测算 $T1$ 时,公司激励杠杆和员工激励杠杆情况如表 7.4 所示。

表 7.4　　　　甲公司测算 $T1$ 时公司与员工激励杠杆情况

激励评价指标 $T1$	股票期权 $T1$	第一类限制性股票 $T1$	第二类限制性股票 $T1$
公司激励杠杆 LC	1.55	1.76	1.63
员工激励杠杆 LS	0.38	1.76	1.76

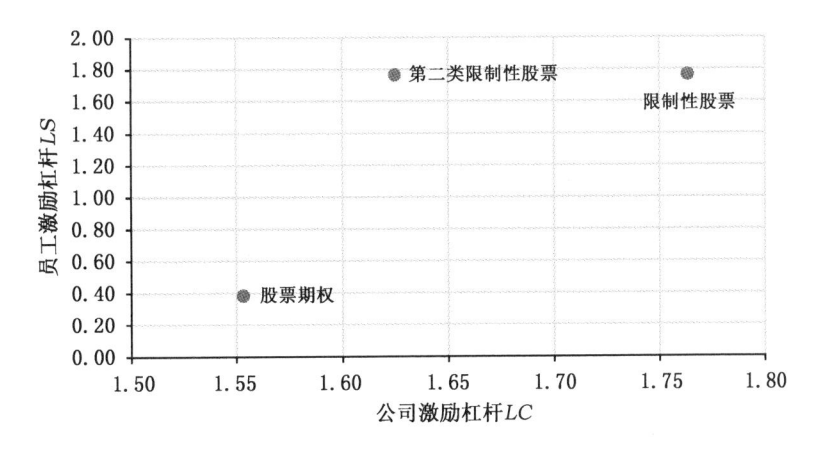

图 7.6　$T1$ 点甲公司激励杠杆

经甲公司测算 $T1$ 点时,公司激励杠杆和员工激励杠杆并不高,均不足 2 倍。相比较而言,限制性股票的公司激励杠杆和员工激励杠杆较高,股票期权激励方案由于公司股价波动较大、提供的杠杆更低,尤其是员工激励杠杆仅 0.38,激励效果不佳。因此,甲公司决定继续跟踪公司市值运行情况,等待更有利的时机。

---

① 这一点在本章"确定 $T3$ 时甲公司可以获得较为满意的激励指标"节中有分析,此处再以数据来验证。

（二）甲公司于 $T2$ 时进行权益激励具有较高效果

甲公司进入第二季度后，股价出现较大幅度快速下跌。为维护甲公司资本市场形象，甲公司实控人与高管进行了少量的增持，但是股价依旧下跌。进入第三季度，甲公司进行了当年的半年度业绩预告后，由于上半年营业收入和净利润继续同比下滑，且市场预期甲公司三季度业绩仍将继续下滑，甲上市公司股价继续下跌。

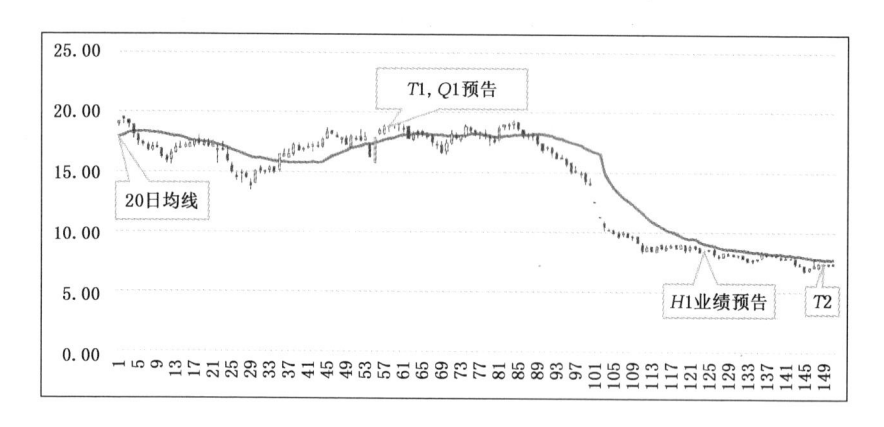

图 7.7　甲公司 N 年至 $T2$ 时股价走势

经公司对本次快速下跌的原因分析和实控人承受力的评估，甲公司认为无需通过回购股份作为本次权益激励的股份来源。经甲公司测算，$T2$ 时进行股权激励，激励效果评价指标较高、能够授予激励对象的股份数量较多，但是甲公司综合考虑风险后，决定再继续等待后续时机。

1. 判断 $T2$ 时甲公司无需改变股份来源

甲公司判断本次下跌主要是以下原因共振影响：

- 由于上年度高基数的影响公司第二季度业绩同比下滑，市场担心公司不能保持高成长；预计第三季度及全年同样会受上年度高基数的影响，同比下滑。
- 公司新产品预计年内上市销售的概率不大，市场得不到新的成长预期；
- 受到降杠杆的影响，市场资金面收紧，对股票市场影响较大，预计修复需要时间。

甲公司认为经营及业绩年内难以出现反转,公司海外市场拓展最快于第四季度开始取得增长,新产品最快于次年第一季度上市,并需要较大的激励力度去抢占市场。因此,股份回购并不能实质上解决当前的下跌问题。同时,甲公司实控人并没有因为下跌导致较大幅度增加质押担保的情况,不存在质押风险。

因此,甲公司决定继续以增发股份作为权益激励的股份来源。

2. 判断 T2 时各项激励指标较高

同等激励费用下,甲公司 T2 时推出股权激励计划较 T1 时推出可以授予更多的激励股份。甲公司测算 T2 时,授予日激励额 S_G 的情况如下(见表 7.5):

表 7.5　　　　　　　　　甲公司 T2 时相关情况　　　　　　　单位:万元

T2 激励数量	S_G 目标值	限制性股票 T2	股票期权 T2	第二类限制性股票 T2
1 250 万股	2 798~4 664	4 306.25	−312.50	4 306.25
1 000 万股		3 445.00	−250.00	3 445.00
750 万股		2 583.75	−187.50	2 583.75
500 万股		1 722.50	−125.00	1 722.50

甲公司测算 T2 时推出股权激励计划较 T1 时推出可以获得公司激励杠杆 LC 和员工激励杠杆 LS 明显高于 T1 点(见表 7.6)。

表 7.6　　　　　　　　甲公司 T2 时 LC 与 LS 比较

激励评价指标 T2	股票期权 T2	第一类限制性股票 T2	第二类限制性股票 T2
公司激励杠杆 LC	10.55	6.62	5.97
员工激励杠杆 LS	2.59	6.17	6.17

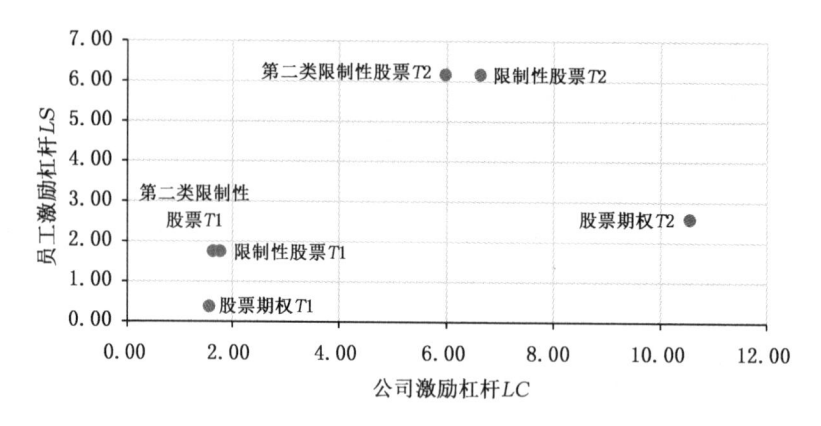

图 7.8　T2 点甲公司激励杠杆

甲公司判断，T2 时推出股权激励计划所产生的公司激励杠杆 LC 为和员工激励杠杆 LS 能够进入到公司和员工都比较适合的区间，限制性股票和第二类限制性股票的 LC 和 LS 均接近或超过 6 倍。授予股份数量可以由 T1 时的 300 万～500 万股区间提升至 750 万～1 250 万股。因此 T2 时点是甲公司推出股权激励计划的较好时机。

3. 判断 T2 时推出权益激励后续实施阶段股价稳定性存在不确定性

甲上市公司认为权益激励推出后至授予日之间甲公司的股价稳定性会直接影响到权益激励的效果及评价。T2 时，基于公司第三季度还将承受上年度同期高基数的影响、公司海外市场开拓的进度和产品升级的进度均需在第四季度或者次年第一季度，同时市场资金面第三季度还将趋紧，通常第四季度资金面会在逆回购增加的情况下有所缓解，所以甲上市公司认为后续股价的稳定性存在较多的不确定性。

因此，尽管 T2 时已经具备令甲公司满意的激励杠杆，但甲公司出于谨慎和风险规避角度考虑，决定继续等待后续时间，并决定加快风险释放以利于后续股价稳定，即将在第一时间内进行三季报业绩预告。同时，甲公司考虑到已经即将进入第四季度，根据初步确定的获益安排，甲公司预计本次权益激励将在当年第四季度较晚或者次年初实施完毕，会将以当年的营业收入和利润作为获益安排的比较基准。甲公司于当年第四季度开始对海外增量市场和产品升级的成本费用的投入,以提高未来几年公司的业绩增长。

(三)甲公司于 T3 时决定推出权益激励草案

甲公司于三季报末进行前三季度业绩预告后,甲公司股价进入快速调整,经过下跌后反弹并站稳 20 日均线。

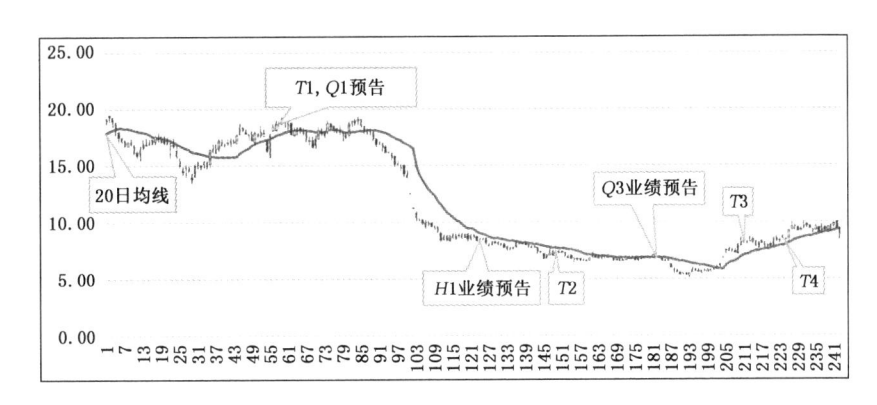

图 7.9 甲公司 N 年至 T2 时股价走势

1. 确定 T3 时甲公司可以获得较为满意的激励指标

甲公司认为 T3 时进行权益激励,可以获得相对满意的公司激励水平和员工激励水平。

表 7.7

激励评价指标 T3	股票期权 T3	第一类限制性股票 T3	第二类限制性股票 T3
公司激励杠杆 LC	8.00	5.54	4.99
员工激励杠杆 LS	2.27	5.54	5.54

T3 点时,股票期权虽然能够取得比第一类限制性股票和第二类限制性股票更高的公司激励杠杆 LC,但是员工激励杠杆 LS 较低。同时股权激励获得授予日激励额 S_G(以 T3 点预计)为 0,不能满足甲公司提升基础薪酬体系的需求。T3 时甲公司第一类限制性股票和第二类限制性股票的员工激励杠杆 LS 均为 5.54,第一类限制性股票的公司激励杠杆 LC 为

5.54,略高于第二类限制性股票的公司激励杠杆 LC 为 4.99。在同等条件下,甲公司应当选择第一类限制性股票。

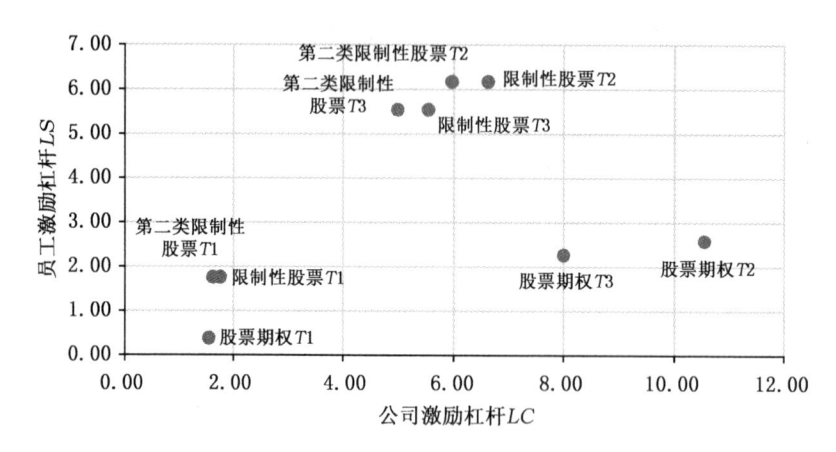

图 7.10 T3 点甲公司激励杠杆

甲公司的公司激励杠杆 LC 和员工激励杠杆 LS 较 T2 时点略低,主要是甲公司于 T2 时为规避不确定性风险而获得的收益或付出的代价。T3 时的激励杠杆虽然略逊于 T2 时,但是 5 倍左右的激励杠杆也较高,属于甲公司较为满意区间。甲公司决定于 T3 时推出权益激励草案。

2. 确定 T3 时权益激励具体参数

● 甲公司确定激励股份数量为 1 000 万股并确定采用第一类限制性股票计划。

甲公司测算 T3 时,授予日激励额 S_G 的情况如下:

表 7.8   单位:万元

T3 激励数量	S_G 目标值	限制性股票 T3	股票期权 T3	第二类限制性 股票 T3
1 100 万股		4 455.00	0.00	4 455.00
1 000 万股	2 798~4 664	4 050.00	0.00	4 050.00
750 万股		3 037.50	0.00	3 037.50
500 万股		2 025.00	0.00	2 025.00

甲公司以 $T3$ 时点数据测算授予日激励额 S_G，在本章第四节的 $2\,798 \leqslant S_G \leqslant 4\,664$ 区间内，股票期权不满足 S_G 的要求，在第一类限制性股票计划或第二类限制性股票计划时甲公司权益激励数量应当为 750 万～1 100 万股之间，最终甲公司确定激励权益数量定为 1 000 万股。并以此计算相关指标如下：

表 7.9

激励评价指标	限制性股票 $T3$	股票期权 $T3$	第二类限制性股票 $T3$
公司激励即期杠杆 LC_G	1.00	0.00	0.90
员工激励数量杠杆 LS_Q	4.61	—	4.61
员工激励薪酬杠杆 LS_R	0.22	0.00	0.22

第一类限制性股票计划或第二类限制性股票计划的员工激励薪酬杠杆 LS_R 为 0.22，满足甲公司需求的 15%～25% 的薪酬提升区间。同时员工激励数量杠杆 LS_Q 较高为 4.61，即员工能够较好的覆盖行权成本，第一类限制性股票计划和第二类限制性股票计划的偏好和承担能力无明显偏好，而第一类限制性股票计划的公司激励即期杠杆 LC_G 和公司激励杠杆 LC 均较高于第二类限制性股票计划。故甲公司选择第一类限制性股票作为权益激励工具。

● 根据前述其他要求确定权益激励的具体参数，如下：

激励工具：限制性股票（第一类）。

股份来源：公司向激励对象定向发行公司 A 股普通股。

激励数量：拟授予的限制性股票数量为 1 000.00 万股，约占激励计划草案时公司股本总额的 0.80%；其中，首次授予 800.00 万股，占本次限制性股票授予总量的 80%，预留 200.00 万股，占本次限制性股票授予总量的 20%。

授予价格：每股 4.05 元。

分期解锁：未来 12 个月、24 个月、36 个月按照 30%、30%、40% 的比例解锁。

解锁条件：以当年（N 年）为基数，未来三年营业收入复合增长 20% 或利润复合增长 15% 之一。

激励对象：首次授予的激励对象总人数为 200 人，包括公司公告本激励计划时在公司（含子公司）任职的董事、高级管理人员、中层管理人员及核心技术（业务）骨干。预留激励对象指本激励计划获得股东大会批准时尚未确定但在本激励计划存续期间纳入激励计划的激励对象，由本激励计划经股东大会审议通过后 12 个月内确定。预留激励对象的确定标准参照首次授予的标准确定。

六、履行权益激励决策程序并实施

甲公司借鉴附录的权益激励模板，编制了权益激励计划草案，提交决策。

（一）履行股权激励决策程序

T3 日，甲公司召开董事会审议并通过了由甲公司董事会薪酬与考核委员会名义提交的《20××年限制性股票激励计划（草案）》《20××年限制性股票激励计划实施考核管理办法》，以及董事会《关于提请股东大会授权董事会办理公司 2018 年限制性股票激励计划相关事宜的议案》《关于召开 20××年第×次临时股东大会的通知》等议案。

同时，甲公司要求职工监事王某于股东大会审议通过 2 个工作日后自行买入相应的股票，购买价格与授予价格的差额将作为年终奖一次性发放。

T3 日，同日甲公司召开监事会审议并通过了公司《20××年限制性股票激励计划（草案）及其摘要》《20××年限制性股票激励计划实施考核管理办法》《关于核实公司 20××年限制性股票激励计划首次授予激励对象名单的议案》，认为首次授予的激励对象均符合相关法律所规定的条件，其作为本次激励计划的激励对象合法、有效。

甲公司于 T3 日当晚向证券交易所提交董事会和监事会相关决议及公告，并同步公告了《20××年限制性股票激励计划首次授予激励对象名单《上市公司股权激励计划自查表》,独立董事对董事会相关事项的独立意见及《独立董事公开征集委托投票权报告书》,以及财务顾问出具的《关于公司20××年限制性股票激励计划(草案)之独立财务顾问报告》[①]、律师事务所出具的《关于公司20××年限制性股票激励计划之法律意见书》。

T3+11日,经过不少于10天的公示和征求意见并于股东大会审议本次激励计划5日前,公司监事会公告了《监事会关于20××年限制性股票激励计划首次授予激励对象名单的审核意见及公示情况说明》。

T3+16日,该公司股东大会审议通过了股权激励计划相关议案,公告了《20××年第四次临时股东大会决议公告》以及律师事务所出具的《20××年第×次临时股东大会的法律意见书》。股东大会同意甲公司本次股权激励计划,并授权董事会具体实施。

(二)选择并于授予日实施激励股份授予并登记

股权激励草案通常会暂时性影响到上市公司的股价,甲公司于股权激励草案通过后适当减少了大规模的或主动性的投资者交流活动。

股东大会后,甲公司股价于T4日前后公司股价相对稳定。甲公司于T4日以现场加通信表决的方式确定T4日为股权激励授予日,并通过了《关于向激励对象首次授予限制性股票的议案》、监事会审议通过了《关于向激励对象首次授予限制性股票的议案》、独立董事出具了独立意见,同时公司与授予对象签署了股权激励相关协议。

随后,甲公司公告了董事会、监事会相关决议以及《关于向激励对象首次授予限制性股票的公告》《关于20××年限制性股票激励计划内幕信息知情人及首次授予激励对象买卖公司股票情况自查报告》,同时公告了中介机构独立财务顾问《关于公司20××年限制性股票激励计划首次授予事项之独立财务顾问报告》和律师事务所《关于公司向激励对象授予限制

[①] 甲公司本次股权激励计划按照规定可以不采用财务顾问,但由于本次股权激励涉及人事薪酬、上市公司证券事务以及解锁条件等财务指标与财务测算,因此出于谨慎,甲公司采用财务顾问协助实施。

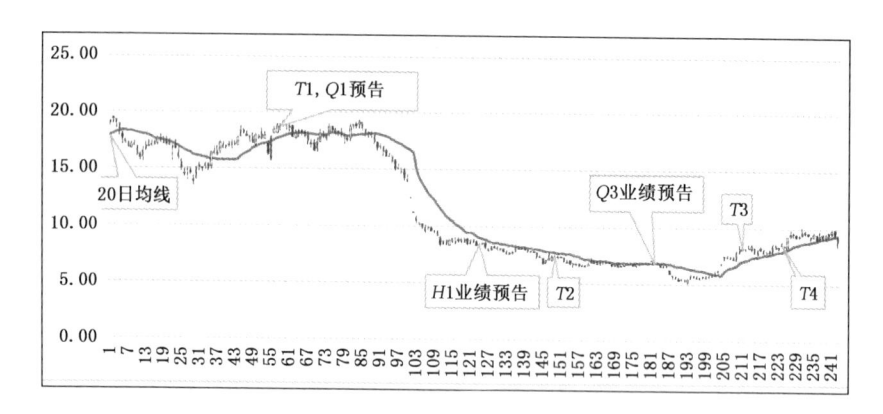

图 7.11　甲公司 N 年至 T2 时股价走势

性股票相关事项的法律意见书》。

至此,甲公司本次权益激励实施完毕。

(三)授予日的权益激励指标

T4 时甲公司收盘价为 8.44 元,略高于本次股权激励草案推出时 8.10 元的 4.2%。

(1)经测算,甲公司本次股权激励的激励额及成本情况如下:

表 7.10

项目 T4	首次授予股份 800 万股 T4	全部激励股份 1 000 万股 T4
激励总额 S	17 960.00	22 450.00
激励费用 C	3 512.00	4 390.00
行权成本 M	3 240.00	4 050.00
激励期薪酬 R	18 657.33	18 657.33
授予日激励额 S_G	3 512.00	4 390.00

(2)经测算,甲公司首次授予股份的财务费用分摊情况如下:

表 7.11

首次授予的限制性股票数量(万股)	需摊销的总费用(万元)	前 12 个月(万元)	中间 12 个月(万元)	后 12 个月(万元)
800.00	3 512.00	2 048.67	995.07	468.27

同等费用情况下,甲公司比首次授予时多授予近 50 万股股份[①]。

(3)经测算,甲公司首次授予股份的激励杠杆情况如表 7.12 所示。

表 7.12　　　　　　甲公司首次授予股份的激励杠杆

项　目	首次授予股份 800 万股 $T3$ 时	首次授予股份 800 万股 $T4$ 时
公司激励杠杆 LC	5.54	5.11
员工激励杠杆 LS	5.54	5.54
收益杠杆 β	5.54	5.11
公司激励费用杠杆 LC_G	1.00	1.00
员工激励数量杠杆 LS_Q	5.76	5.31
员工激励薪酬杠杆 LS_R	0.17	0.19

由于 $T4$ 时甲公司收盘价略高于本次股权激励草案股价,公司激励杠杆、收益杠杆和员工激励数量杠杆略低于 $T3$ 时相关指标,而员工激励薪酬杠杆略高于 $T3$ 时相关指标。

甲公司本次股权激励计划的实施获得了较高的公司激励杠杆 LC 和员工激励杠杆 LS,对员工激励作用较大,同时公司激励的成本也较为充分的外部化;甲公司本次股权激励计划获得了适度的员工激励薪酬杠杆 LS_R 为 0.19,实现了公司借助股权激励计划提升公司激励对象基础薪酬 15%～25% 的要求,激励对象获得短期激励福利;员工激励数量杠杆 LS_Q 较高,本次激励不会对激励对象形成资金压力;收益杠杆 β 较高,意味着未来股价的涨幅会更高地提升本次股权激励的收益和激励效果,从而能够更好地平衡激励对象利益和外部股东利益,从甲公司的市值成长中获益。

---

① 具体为 793 万～750 万股,可以多授予 43 万股。

第八章

权益激励工具组合方案

实务中经常会出现因为激励需求的特殊性或多样性、激励对象情况复杂单一导致激励工具难以实现激励和内部利益均衡,此时上市公司需要采用多种权益激励工具甚至其他市值管理工具进行组合设计,尽可能满足上市公司的权益激励。例如,本书阐述的激励型员工持股计划就是上市公司股份回购与员工持股计划的组合。

一、接续型组合方案

上市公司实施权益激励是一个动态过程(见图 8.1),在对当前权益激励方案进行监视和动态评价中,需不断进行反馈和改进。实务中会因为内

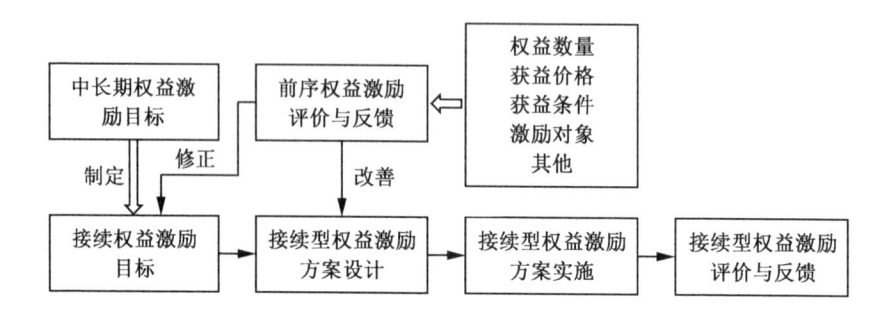

图 8.1 接续型权益激励组合方案

外部的各种原因导致权益激励不能顺利获益或者预计激励效果难以达到预期，需要及时推出权益激励方案，弥补或改进前序权益激励的不足。

接续型组合方案由一系列部分重叠或者首尾相连的权益激励方案组成，接续的权益激励方案不断修正和改善前序权益激励方案的效果，最终向上市公司中长期权益激励目标前进（见图8.2）。接续的权益激励方案可以是根据公司中长期权益激励目标拟定的短期权益激励方案同时反映前序权益激励方案实施中的反馈，也可以是针对前序权益激励方案实施中反馈的专项权益激励方案，前序权益激励的反馈通常为以下参数：

- **权益数量**：常见于前序激励方案权益数量授予不足、员工激励数量杠杆偏低致使激励效果不达预期，或者授予权益数量过多、员工激励薪酬杠杆过高有损于股东利益，且对后续权益激励产生压力。例如，部分处于新能源行业的上市公司，在2020年、2021年之前根据市场情况设置了合理的权益激励数量，但是新能源车的渗透率提升和资本市场及和产业政策的推动，行业大规模投产，相关人才的市场需求和薪酬在2020年、2021年出现较大幅度提升，相关上市公司原先的权益激励难以应对市场对公司核心人才的挖角，此时应当及时推出接续权益激励方案。同样的情况见于2019年前后的IDC数据中心行业。

- **获益价格**：常见于前序激励方案获益价格偏高、员工激励杠杆较低，或者激励期间出现较大股价下跌，致使激励效果不达预期。该种情况普遍见于公司或者所处行业处于从成长走向成熟的阶段或者周期行业的周期顶部阶段，以及出现技术替代等原因，导致公司增速下滑。例如，2015年实施权益激励方案的影视传媒类上市公司正处于行业增速的顶部，面临成长增速下滑，2016年实施权益激励方案的通信及内容分发（CDN）行业上市公司正处于云计算技术迅猛增长的阶段。该种情况下的接续激励方案不仅应该着眼于上市公司市值战略及维护方面的需求，更应该着眼于解决来自公司经营增长等方面的激励需求。

- **获益条件**：常见于前序激励确定的目标不合理，过高导致激励效果不达预期、过低导致市场预期恶化同时损害股东利益；外部环境或者产业环境出现意外变化，导致原定获益条件难以达到而丧失获益可能；前序激励获益条件为参照可比公司等相关指标，因可比公司内外部原因导致获益条件变高致使丧失获益可能、激励效果不达预期或者获益条件变低而获益实施致使股东利益受损。

- **激励对象及其他：**常见于由于员工成长，前序激励未纳入的员工达到激励对象标准，应当予以激励；由于激励对象的成长，导致前序激励对其激励力度明显不足；其他导致前序激励效果不达预期或者渐离公司中长期权益激励目标的情形。

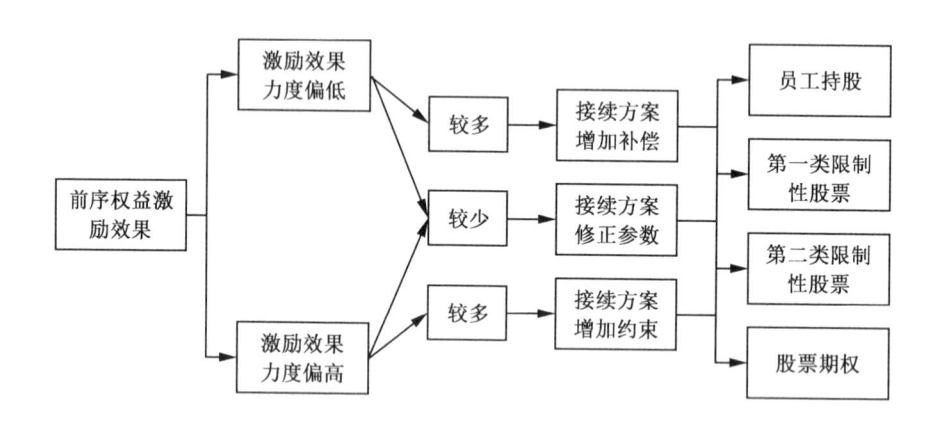

图 8.2　接续型权益激励方案的选择

- 如果激励效果距离前序权益激励目标差异较少，即权益激励的各项评价指标和公司设置的效用目标，实际值与权益激励方案推出时的预计值差别不大，可以不需要实施单独的接续激励方案，只需要根据上市中长期激励目标和市值战略，微调后续权益激励计划的相关参数即可。

- 如果激励效果较多的低于前序权益激励目标，上市公司需要通过特别的接续权益激励方案来进行补偿。主要有增加权益数量、增加授予权益的折扣力度、增加权益激励的对象等。在此需要特别建议的是，无论前序激励因何种原因致使上市公司未能获益，都不建议修改前序权益激励方案的获益条件，而应当通过接续激励方案进行弥补。

- 如果激励效果高于前序权益激励目标较多，上市公司需要通过特别的接续权益激励方案来进行约束。上市公司权益激励的目标是留住人才，就算是内外部原因导致前序权益激励过高，后续激励方案在力度上也不应当出现较大幅度的降低,否则容易造成人才流失。建议通过约束的方式单独增加一次接续权益激励方案,优选员工持股计划,其次选择第一类限制性股票计划。

例8.1:某主板上市公司于2019年实施限制性股票激励计划,董事会日公司股票交易均价为51.11元/股,激励对象总人数为15人,授予价格为25.56元/股,分两期50%、50%解除限售,2021年限制性股票的解除限售条件为公司2019年和2020年两年营业收入增长率的平均值不低于对标10家企业平均水平的110%,2022年限制性股票的解除限售条件为公司2020年和2021年两年营业收入增长率的平均值不低于对标10家企业平均水平的110%。该上市公司实际2019年度、2020年度的营业收入增长率的平均值为5%,为对标企业平均水平9%的56%,低于110%。该上市公司2021年解除限售条件未达成,该上市公司对2021年对应的限制性股票总额的50%予以注销。

该上市公司随即于2021年推出总额为3 981.00万元的员工持股计划,以55元/股通过交易过户等法律法规允许的方式获得公司回购专用证券账户所持有的公司股票723 700股(公司回购股份的回购成本为110元/股,董事会决策日公司股票交易均价为124元/股),分两期每期解锁的标的股票比例分别为50%、50%,2022年员工持股计划获益条件为公司2020年和2021年营业收入增长率的平均值在对标9家企业中排名前5,2023年员工持股计划获益条件为公司2021年和2022年营业收入增长率的平均值在对标9家企业中排名前5。

该上市公司2021年注销50%限制性股票后,上市公司采用员工持股计划进行接续,在2022年中该上市公司同时存在2019年度的限制性股票和2021年度员工持股计划的获益安排,以弥补2021年限制性股票注销对员工积极性和未来预期的降低,同时员工持股计划由行业对标公司的平均数的110%变为中位数(表8.1)。

表8.1　　　　　　　某上市公司激励方案

	前序:限制性股票计划	接续:员工持股计划	比较
获益价格/董事会日股票交易均价	50%	44%	
获益期安排	两期,2021年50%、2022年50%	两期,2022年50%、2023年50%	2022年度叠加激励

续表

	前序:限制性股票计划	接续:员工持股计划	比较
获益条件	营收增长率达到10家对标行业均值的110%	营收增长率达到9家对标行业中位数	

部分激励对象不相同,具体见表8.2。

表8.2　　　　　　　　　　不同对象的激励方案

序号	姓名	职务	限制性股票(万份)	限制性股票量占比(%)	员工持股份额(万份)	员工持股份额占比(%)	备注
1		董事长	3.87	15.11	185.93	4.67	董事长未发生变更
2		总经理	3.87	15.09	572.09	14.37	总经理发生变更
3		财务总监	3.38	13.21	155.13	3.90	财务总监发生变更
	中层及骨干员工或关键岗位员工		14.50	56.59	3 067.85	77.06	前序限制性股票计划共含3位高管、12位中层,接续员工持股计划含3位高管、63位中层
	合　　计		25.62	100	3 981.00	100.00	

接续型组合中方案激励对象通常变化不大,在下一期常规的权益激励之前,以接续方案来调整前序激励方案效果与预期的偏差,以及弥补前期方案未考虑的因素。比如在前序激励方案中权益工具(含预留部分)已经分配完毕后新聘用的高级管理人才。

二、互补型组合方案

上市公司在实施权益激励时经常面临复杂多样的内外部环境,致使单一的权益激励工具不能实现公司权益激励的效用目标,此时上市公司可以考虑多种权益激励工具的组合方案。互补型权益激励组合方案是指运用多种权益激励工具以及现金奖金、其他市值管理工具共同实现权益激励目标效应。

常见的适合互补型权益激励工具的原因如下:

- 解决不同激励对象的差别化激励:存在各种原因导致上市公司激励对象的诉求和激励目的不同,从而需要不同的激励工具组合进行差别化激励。如激励对象的岗位不同导致需要对其实现的激励目标不同，激励对象的家庭财富不同导致激励对象对股票类和期权类激励工具的档期支付能力不同。

● 构筑授予价格体系，引导市场预期：上市公司目前常用的权益激励工具的授予价格已经形成了市场通行的定价方式，自主定价的方式通常会引发市场或者员工不必要的猜测。通行的做法中，如限制性股票或第二类限制性股票授予价格较低不利于市场对上市公司股价和市值预期，而股票期权尽管能够提升市场对公司股价的预期，但是员工激励杠杆相对较低，因此可以通过权益激励工具组合形成多个授权价格/行权价格，提升员工激励杠杆，同时又有利于市场预期。

常见的互补型权益激励工具组合情况如下：

● 股票类激励工具组合：第一类限制性股票与员工持股计划组合方案，主要结合第一类限制性股票便于常规化和员工持股灵活的特点，实现更为灵活的行权比例、行权条件、有效约束激励对象，但是激励对象短期需要面对认缴款的压力，限制实施规模等问题。

● 期权类激励工具组合：第二类限制性股票与股票期权组合方案，主要结合两类期权的不同行权价格，可以实现区分中层或骨干员工和高管不同的激励要求、向市场传递较高预期、激励对象资金压力小，但是对激励对象缺乏约束力、激励效果较股票类较弱。

● 股票类与期权类激励工具组合：第一类限制性股票与第二类限制性股票组合方案；第一类限制性股票与股票期权组合方案；第二类限制性股票与员工持股计划组合方案；股票期权与员工持股计划组合方案。

表8.3 股票类和期权类权益激励工具的组合方案

	第一类限制性股票	激励型员工持股计划
第二类限制性股票	·较低授予价格下限、平衡激励对象当前及未来认缴资金、平衡激励对象权利与约束，平衡和区分中高层与骨干员工的差异需求 ·目前只适用于创业板和科创板，期权价值受股价波动影响较大	·授予价格灵活、获益条件灵活，平衡激励对象当前及未来认缴资金、平衡激励对象权利与约束，平衡和区分中高层与骨干员工的差异需求 ·目前只适用于创业板和科创板，激励型员工持股需以回购股份实施，期权价值受股价波动影响较大

续表

	第一类限制性股票	激励型员工持股计划
股票期权	·授予价格灵活、平衡激励对象当前及未来认缴资金、平衡激励对象权利与约束，平衡和区分中高层与骨干员工的差异需求、有利于提升市场市值预期 ·期权价值受股价波动影响较大	·授予价格灵活、获益条件灵活，平衡激励对象当前及未来认缴资金、平衡激励对象权利与约束，平衡和区分中高层与骨干员工的差异需求、利于提升市场市值预期 ·激励型员工持股需以回购股份实施，期权价值受股价波动影响较大

- 权益激励工具与其他市值管理工具组合：主要有权益激励与再融资结合、权益激励与并购重组结合、权益激励与新业务孵化和分拆结合等方案，实现激励对特定资本运作的保驾护航，平衡上市公司内部传统业务和创新业务间的资源分配等。

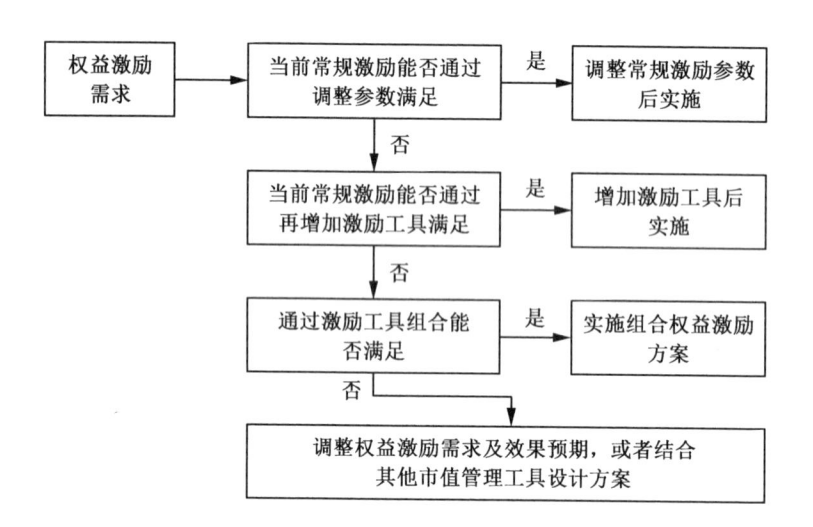

图 8.3　互补型权益激励方案的选择

例 8.2：某中小板上市公司根据激励对象的情况，于 2021 年推出了股票期权和激励型员工持股计划的组合权益激励方案。对高层人员和最核心的骨干实施较高力度的激励型员工持股计划、对中层管理人员和核心骨干实施股票期权激励计划。具体如下：

员工持股计划：员工持股计划包括员工自筹部分和公司无偿出让部分。其中，员工自筹部分为员工自筹资金人民币 1 428 万元，按照市场价 16.58 元/股测算，员工自筹资金部分通过二级市场购买持有的股票数量不超过861 278股。其中,公司无偿出让部分为将该上市公司回购股份专用证券账户中8 522 393股公司普通股股票通过非交易过户的方式以零元价格过户至本次员工持股计划;本次员工持股计划拟持有的股票数量合计不超过9 383 671股,员工自筹部分和公司无偿出让部分达到约1∶10的配比比例。

股票期权激励计划:拟授予的股票期权数量为1 183.12万份,其中首次授予954.5万份,预留228.62万份,预留部分未超过本次授予权益总额的20%。首次授予部分按照40%、30%、30%分三期行权。本激励计划的股票期权(含预留)行权价格为12.25元/股。

表8.4　　　　　　　　　组合激励方案的参数比较

	激励型员工持股计划	股票期权计划	比　较
获益价格/董事会日股票交易均价	9%	100%	
获益期安排	三期,40%、30%、30%	三期,40%、30%、30%	无时间差、对应同步
获益条件	未来年度累计净利润达4亿元、8.8亿元、14.56亿元	未来年度累计净利润达4亿元、8.8亿元、14.56亿元	相同条件

表8.5　　　　　　　　　组合激励方案的激励对象差异

序号	姓名	职务	员工持股份额(万份)	员工持股份额占比(%)	期权数量(万股)	期权数量占比(%)	比　较
1		董事、总经理	100	11.73			
2		监事会主席	70	8.21			监事通过员工持股获得激励
		中层及骨干员工或关键岗位员工	682.24	80.06	954.50	100.00	股权激励授予中层及骨干138人,其中23名核心股东获得员工持股
	合　计		852.24	100.00	954.50	100.00	

该上市公司通过员工持股计划和股票期权的组合权益激励方案,对高层人员和中层及骨干员工区别对待。员工持股计划的较高折价,使得该上市公司对高层的激励力度显著高于中层及骨干员工,同时通过员工持股计

划实现对公司监事的激励。

例8.3：某中小板（现主板）上市公司于2021年推出了股票期权和激励型员工持股计划的组合权益激励方案。对高层人员和最核心的骨干实施较高力度的激励型员工持股计划、对中层管理人员和核心骨干实施股票期权激励计划。董事会决策日公司股票均价为52.40元/股。具体情况如下：

员工持股：员工持股计划规模不超过3 133 684股，拟筹集资金总额上限为3 979.78万元，总人数共计不超过110人，员工持股计划按照12.70元/股的价格通过非交易过户等法律法规允许的方式获得公司回购专用证券账户所持有的公司股票。员工持股计划分三期分配至持有人，每期解锁比例分别为40%、30%、30%。

股票期权计划：拟向激励对象一次性授予2 998.00万份股票期权，激励对象共计1 087人，无预留权益。本激励计划授予激励对象的股票期权的行权价格为39.30元/股[①]，股票期权激励计划分三期行权，每期行权的比例分别为40%、30%、30%（见表8.6）。

表8.6　　　　　激励型员工持股计划与股票期权计划比较

	激励型员工持股计划	股票期权计划	比　　较
获益价格/董事会日股票交易均价	24.00%	75.00%	
获益期安排	三期，40%、30%、30%	三期，40%、30%、30%	无时间差、对应同步
获益条件	相对于基准年营收同比30%、50%、70%	相对于基准年营收同比30%、50%、70%	相同条件

激励对象情况如表8.7所示。

表8.7　　　　　　　　　激励对象情况

序号	持有人	职务	员工持股份额（万份）	员工持股份额占比（%）	期权数量（万股）	期权数量占比（%）	比　　较
1		董事	63.50	1.60	40.00	1.33	
2		董事	63.50	1.60	25.00	0.83	

---

① 本次股票期权行权价格为自主定价，上市公司将本次股票期权的行权价格确定为本次激励计划草案公告前1个交易日公司股票交易均价的75%，为每股39.30元。

续表

序号	持有人	职务	员工持股份额（万份）	员工持股份额占比（%）	期权数量（万股）	期权数量占比（%）	比　较
3		董事	63.50	1.60	20.00	0.67	
4		副总	38.10	0.96	10.00	0.33	
5		财务负责人、董事会秘书、副总	127.00	3.19	10.00	0.33	
6		副总	127.00	3.19	10.00	0.33	
7		副总	63.50	1.60	10.00	0.33	
8		副总	25.40	0.64%	5.00	0.17%	
9		监事会主席	114.30	2.87			监事不能作为股权激励对象，通过员工持股解决激励问题
10		职工代表监事	25.40	0.64			
	董事、监事、高级管理人员合计（10人）		711.20	17.87	130.00	4.34	
	中层及骨干员工或关键岗位员工		3 268.58	82.13	2 868.00	95.66	股权激励授予中层及骨干1 079人、员工持股授予其中经公司董事认定的100人
	合　计		3 979.78	100.00	2 998.00	100.00	

该上市公司激励对象获得的员工持股计划份额和股票期权份额大致相当，个别激励对象存在差异，员工持股计划的授予价格约为董事会日股票价格的24%、股票期权行权价格约为董事会日股票价格的75%，均属于上市公司自主定价，且价格较低。该上市公司通过员工持股计划和股票期权的组合权益激励方案，充分利用了自主定价权和股票期权不需要即期出资的设计，降低了激励对象参与激励的成本、提升了激励力度，实现了较高的员工激励杠杆。

例8.4：某上市公司实行组合型权益激励，对高管及中层管理人员和核心骨干员工实行限制性股票激励计划，同时对部分中层人员实施股票期权激励计划。

限制性股票激励计划：董事会日公司股票交易均价为183.84元每股，拟以每股100.91元的价格向308名激励对象授予318.79万股公司限制性股票，共分四期等量解除限售。

股票期权激励计划：公司拟以201.81元每股的行权价向289名激励对象授予340.86万份股票期权，共分四期等量行权（见表8.8）。

表8.8　　　　　　　　限制性股票计划与股票期权计划比较

	限制性股票计划	股票期权计划	比　较
获益价格/董事会日股票交易均价	55%	110%	
获益期安排	四期，25%、25%、25%、25%	四期，25%、25%、25%、25%	无时间差、对应同步
获益条件	未来四年营收增长高于50%、60%、70%、75%	未来四年营收增长高于50%、60%、70%、75%	相同条件

激励对象情况如表8.9所示。

表8.9　　　　　　　　　激励对象情况

序号	持有人	职务	限制性股票（万份）	限制性股票量占比（%）	期权数量（万股）	期权数量占比（%）	比　较
1		总经理	10.50	3.29			
2		副总	15.50	4.86			
	管理人员、核心及骨干		292.79	91.84	340.86	100.00	限制性股票中层及骨干共306人，股票期权中层及骨干共289人
	合计		318.79	100.00	340.86	100.00	

该上市公司采用了限制性股票和股票期权的组合权益激励方案，对于高管采用限制性股票有利于发挥高管的决策作用和绑定作用；对于中层激励对象采用了限制性股票和股票期权相结合的激励工具，既考虑了中层激励对象的财力，也保证了对中层激励对象的激励力度。同时该上市公司的授予价格和行权价格定价也较为合理，能够兼顾股东利益。因此，该上市公司的组合权益激励方案更为科学、合理。

后 记

自2014年5月"新国九条"出现以来,市值管理实践随着监管及市场的变化出现过高潮,也经历过低谷。随着资本市场的发展、机构投资者的壮大,尤其是注册制带来的上市公司数量的大幅增加,市值管理将翻开新的篇章。

股权激励是市值管理的重要工具,是提升上市公司价值创造的有力工具。然而在的实践中,我们遇到了大量上市公司不恰当运用甚至错误运用股权激励工具的案例,挫伤了上市公司价值创造能力和价值呈现水平,后期反而需要花费更大的精力和代价去修正。凡事预则立,希望本书的出版能对上市公司的相关实践提供有益的思路,这也是我们撰写本书的目的。

期待与读者朋友进行有价值的交流互动!